ANNALES DU MUSÉE GUIMET

BIBLIOTHÈQUE DE VULGARISATION, TOME 48

LE
MUSÉE GUIMET
(1918-1927)

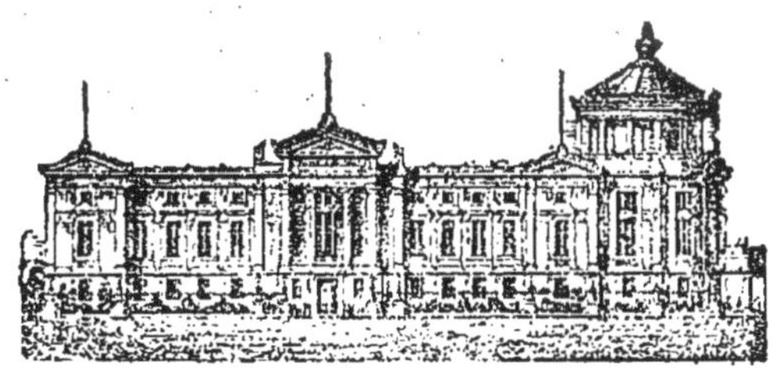

LIBRAIRIE ORIENTALISTE PAUL GEUTHNER
13, RUE JACOB, PARIS-VIe — 1928

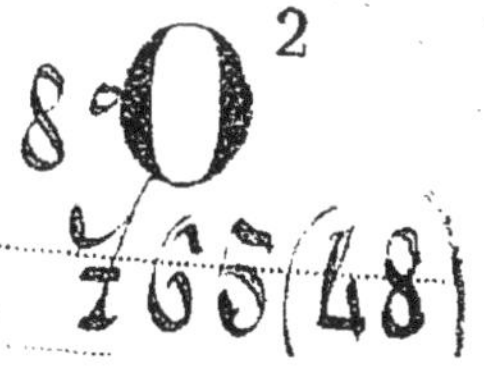

ANNALES DU MUSÉE GUIMET

BIBLIOTHÈQUE DE VULGARISATION, TOME 48

LE MUSÉE GUIMET (1918-1927)

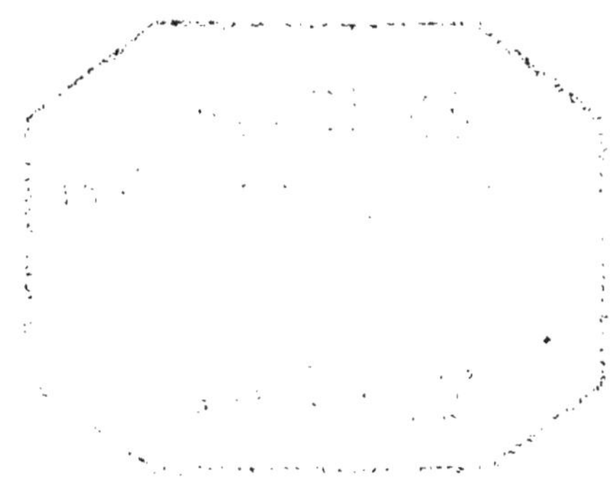

LE

MUSÉE GUIMET

(1918-1927)

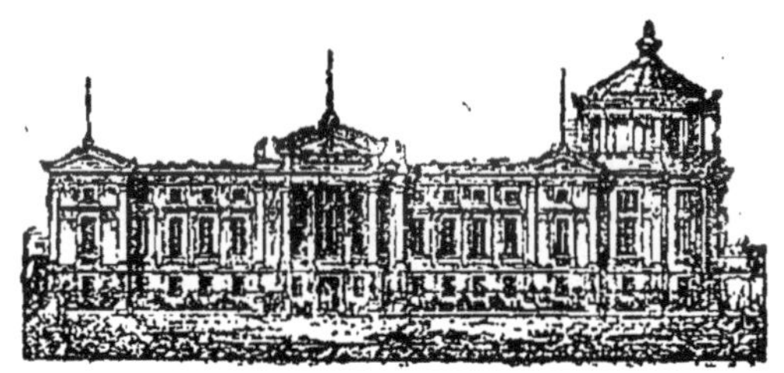

LIBRAIRIE ORIENTALISTE PAUL GEUTHNER
13, RUE JACOB, PARIS-VIe — 1928

LE MUSÉE GUIMET (1918-1927)

Toute œuvre scientifique doit, de temps à autre, être l'objet d'une mise au point. Les éditions successives d'un ouvrage se présentent comme autant de réadaptations destinées à le tenir au courant des découvertes intervenues. Il en va des institutions comme des œuvres écrites. Ceux qui en ont assumé la responsabilité éprouvent, à certains moments, la nécessité d'une sorte d'inventaire. Travail instructif, d'ailleurs, qui permet d'établir le bilan d'une période, de mesurer le chemin parcouru, de jalonner, dans une certaine mesure, les routes de l'avenir.

Le problème qui se pose pour une institution comme le Musée Guimet peut se résumer en une formule : tenir compte des progrès de la science, tout en maintenant la continuité d'une précieuse tradition. Musée orientaliste, embrassant dès le début un immense horizon, il voit les disciplines qui l'intéressent entrer enfin dans le domaine de la culture générale et s'enrichir sans cesse en profondeur. Pour rester, suivant la volonté de son fondateur, le laboratoire de l'orientalisme français, il doit, avant tout, s'adapter à cette transformation. Cette nécessité, ne l'oublions pas, a été soulignée par M. Guimet lui-même.

Dès 1907, M. Guimet demandait en effet à un certain nombre d'archéologues et d'amateurs d'art de se constituer en comité. Ce conseil officieux devait, dans l'esprit du fondateur du Musée, être associé à la gestion scientifique de l'institution. S'adressant, lors de la première séance du Comité Conseil [1], aux personnalités qui avaient répondu à son appel, M. Guimet exposa les grandes lignes de son programme « Le Musée, tel que je l'ai réalisé, est, vous le comprenez, une institution complexe, une usine de science philosophique dont les collections ne sont que la matière première.

« On peut prévoir le cas où les séries artis-

1. Comité-Conseil du Musée Guimet, séance du 28 mai 1907. Exposé par M. E. Guimet, brochure in-8°, de 11 pages, Lyon, 1907.

tiques seraient élaguées pour donner plus de place aux documents religieux.

« Il faut aussi prévoir les acquisitions.

« Or jusqu'à présent, à part quelques dons souvent importants, je me suis trouvé seul à alimenter le Musée. Le budget ministériel ne prévoit pas un franc pour cela. Il y aura donc à organiser une société de bienfaiteurs qui subvienne aux frais des missions, des fouilles et des achats.

« Les publications et les conférences ne doivent jamais être supprimées. »

M. Guimet désirait vivement que le Comité-Conseil devint après sa mort un organisme officiel, chargé de veiller à l'exécution des remaniements que ne pouvaient manquer de rendre périodiquement nécessaires les découvertes effectuées et les progrès accomplis dans le domaine de l'orientalisme. C'est pour déférer au vœu du fondateur du Musée que le deuxième conservateur, M. Moret, obtint quelques mois après la disparition de M. Guimet (1918), la reconnaissance officielle du Comité-Conseil (arrêté ministériel du 22 novembre 1919) [1]. M. Jean Gui-

1. Voir à l'Appendice le texte de cet arrêté.

met, fils du fondateur du Musée, fut nommé Président de ce Comité. Quelques mois après la première séance de l'assemblée (17 janvier 1920), M. Jean Guimet trouvait la mort dans un accident d'automobile. Le fils de M. Jean Guimet, M. Jacques Guimet étant encore mineur, Madame Jean Guimet fut nommée membre du Comité et M. Emile Senart, membre de l'Institut, collaborateur du Musée depuis sa fondation, fut appelé à la présidence du Comité-Conseil [1].

Premiers Remaniements
Création des Salles Pelliot et Bacot

Interrompue depuis 1914, l'activité des collaborateurs du Musée Guimet devait s'employer avec des moyens très réduits à la réalisation d'un vaste programme de remaniements. Les premières modifications apportées par M. Guimet au classement de 1887 avaient été déterminées par l'organisation d'une galerie de peintures chinoises [2] (1910) et l'exode vers le Musée

1. Voir à l'Appendice la composition du Comité-Conseil.
2. Cf. *La peinture chinoise au Musée Guimet* par Tchang Yi-tchou et J. Hackin, Paris, 1910.

Guimet de Lyon de la collection J. J. M. de Groot [1] (Chine méridionale) remplacée par les remarquables peintures tibétaines offertes au Musée Guimet par M. Jacques Bacot [2]. Il importait de poursuivre ces remaniements en ménageant une place aux découvertes des missions Ed. Chavannes, Paul Pelliot, Segalen-Lartigue-Gilbert de Voisins. Mais avant d'entrer dans le détail de ces remaniements, il nous semble opportun de donner quelques indications sur la répartition des collections en 1919 [3].

Rez-de-chaussée. Rotonde d'entrée : Croquis japonais, peintures japonaises, momies d'Antinoë, peintures de la mission Pelliot.

Rez-de-chaussée. Galerie d'Iéna. Céramique chinoise.

Rez-de-chaussée. Galerie Boissière. Céramique japonaise.

Rez-de-chaussée. Galerie sur Cour. Dépôt des pièces khmères de la collection Aymonier et

1. J.-J.-M. de Groot, *La religion populaire des Chinois*, Annales du Musée Guimet, série in-4°, t. XI, XII.

2. Cf. *L'art tibétain* (*Collection Bacot*), par J. Hackin, préface de J. Bacot, Paris, 1911.

3. Cf. *Guide Catalogue du Musée Guimet*, par J. Hackin, Paris, 1923.

des pièces annamites (modernes) de la collection Dumoutier.

Premier Etage. Inde (Indouïsme et Jaïnisme) Chine (Bouddhisme et Taoïsme), jades et bronzes (Chine), Bouddhisme (Indochine), peintures tibétaines de la collection Jacques Bacot, laques du Japon, Japon (Bouddhisme et Shinto).

Deuxième Etage. Rotonde. Fouilles d'Antinoë[1].

Galerie d'Iéna. Peinture chinoise, peinture japonaise.

Galerie sur cour. Archéologie romaine, gallo-romaine, fouilles de Cappadoce (Mission E. Chantre), ethnographie de la Corée (Mission Varat).

Galerie Boissière. Religions de l'Egypte.

Le programme de remaniements qui fut soumis au Comité-Conseil le 23 décembre 1920 s'inspirait de deux principes directeurs.

a) Limiter l'activité du Musée Guimet au Moyen-Orient, à l'Extrême-Orient et à l'Egypte.

b) Séparer très nettement les documents d'intérêt purement artistique de ceux qui présentent un intérêt plus spécialement religieux. Il importait, pour réaliser cette réforme, d'envisager les remaniements suivants :

1. Emile Guimet. *Les portraits d'Antinoë*, Paris, 1913.

1° Grouper au deuxième étage dans la galerie d'Iéna et la Galerie sur Cour les objets d'intérêt artistique (Chine, Japon) en éliminant, par voie de mise en dépôt dans les musées spécialisés, les antiquités romaines, grecques et cappadociennes;

2° Réserver tout le premier étage à l'archéologie religieuse du Moyen-Orient et de l'Extrême-Orient;

3° Réserver tout le rez-de-chaussée à l'archéologie indochinoise.

En outre la création d'une section photographique devenait nécessaire, car l'un des aménagements projetés (Découvertes de la mission Chavannes et de la mission Segalen, Lartigue et Gilbert de Voisins) n'aurait pu être amorcé sans la réalisation préalable d'un projet dont M. Victor Goloubew avait entretenu le Comité-Conseil le 17 janvier 1920. C'est grâce à l'initiative prise par M. V. Goloubew, grâce aussi à l'obligeante courtoisie des directeurs et bibliothécaires de la Bibliothèque d'art et d'archéologie (MM. Joubin et Vuaflart) et de la Bibliothèque de l'Institut (M. Dehérain), du directeur de l'Ecole Française d'Extrême-Orient (M. Louis Finot), de Mme Ed. Chavannes, de Mme V. Segalen et du commandant Lartigue que purent être groupés les clichés de la mission Ed. Chavannes, ceux de M. V. Goloubew, un certain nombre de négatifs de l'Ecole Française d'Extrême-Orient, enfin les clichés de la mission Segalen, Lartigue, de Voisins. La Salle Chavannes [1] fut installée au premier étage dans une salle jusqu'alors réservée aux jades [2]. Les frais d'aménagement de cette salle (agrandissements photographiques des documents Chavannes et Segalen, encadrements, réfection de la salle) et du bureau réservé au service photographique, furent supportés par Mme Ed. Chavannes, M. V. Goloubew, le commandant Lartigue, M. et Mme Mallon. Le personnel bénévole qui assuma la tâche délicate du classement méthodique des documents comprenait les mêmes bienfaiteurs dévoués auxquels se joignirent Mme de San Martino et M. Philippe Stern qui fut appelé à diriger le service photographique après le départ de M. V. Goloubew pour l'Indochine. L'Association française des Amis de l'Orient qui venait d'être fondée compléta par une subvention l'apport des bienfaiteurs.

Restait à aménager la « Salle Pelliot ». Dans ce

1. Voir *Bulletin archéologique du Musée Guimet*, fascicule I.
2. Les jades furent transférés au deuxième étage.

but, les laques du Japon durent être transférés au deuxième étage, et dans la pièce du premier étage ainsi libérée, on plaça les documents provenant de la mission Pelliot en Asie Centrale : peintures votives et statues de Touen-houang, statuettes et fragments de statuettes provenant de Tumshuq. Tous ces objets étaient jusque-là entreposés au Musée du Louvre, mais M. Paul Pelliot s'employa lui-même à la réalisation du transfert et l'amical empressement de M. Gaston Migeon, conservateur des Musées Nationaux, simplifia les formalités [1]. D'autre part un certain nombre de documents nouveaux vinrent au même moment compléter la collection Jacques Bacot.

Aménagement d'une première galerie d'archéologie Khmère (1921-1922)

Ce projet, dont le principe avait été posé dès 1920, fut réalisé grâce au concours financier du gouvernement de l'Indochine. Deux subventions

1. Voir *Bulletin archéologique du Musée Guimet*, fascicule II. *Asie Centrale et Tibet, Missions Pelliot et Bacot* (Articles de J. Bacot, P. Pelliot, J. Hackin, Paris, 1921.

de 10.000 francs furent accordées l'une par M. Maurice Long, l'autre par M. Martial Merlin. L'aimable intervention de M. Garnier, Résident Supérieur, Directeur de l'Agence Economique de l'Indochine nous fut aussi d'un grand secours.

Les sommes ainsi mises à la disposition du Musée Guimet permirent de présenter dans de bonnes conditions les documents d'art khmer de la collection Aymonier et ceux que le gouvernement de l'Indochine voulut bien mettre à notre disposition après la clôture de l'Exposition nationale coloniale de Marseille. Ces documents, d'un grand intérêt artistique, avaient été prélevés sur le dépôt d'Angkor par MM. Louis Finot, Directeur de l'Ecole française et d'Extrême-Orient et V. Goloubew, membre de l'Ecole; l'attribution en avait été grandement facilitée grâce à l'appui que nous avaient accordé MM. Pierre Guesde, Résident Supérieur, Commissaire général de l'Indochine à l'Exposition, et H. Gourdon, Directeur technique de la Section indochinoise. Ces pièces furent présentées, les unes en 1921 dans la rotonde d'entrée, les autres en 1922, dans la galerie d'Iéna jusqu'alors occupée par des porcelaines chinoises. Un regroupement exécuté pour la porcelaine chinoise par M. L. Wannieck, pour la porcelaine du Japon par M. Serge Elisséèv nous permit, certaines pièces sans intérêt ayant été écartées, de réunir dans la galerie Boissière (rez-de-chaussée) les porcelaines de la Chine et du Japon. Ces pièces n'étaient là qu'en position d'attente, car la réalisation de notre programme indochinois comportait l'aménagement de la seconde salle du rez-de-chaussée en salle d'archéologie indo-khmère. Enfin M. George Groslier, Directeur des Arts cambodgiens, avait généreusement mis à la disposition du Musée un beau choix de moulages et une série fort intéressante de poteries [1]. L'aménagement de notre première salle khmère fut particulièrement étudié, avec l'intention d'y trouver un modèle à suivre lors de l'arrangement des autres salles et galeries du Musée. La teinte des murs fut choisie pour obtenir le maximum de clarté, dans un ton suffisamment neutre qui ne fatiguât pas le regard et qui laissât toute leur valeur aux objets. Parmi les sculptures, de nombreuses têtes de statues étaient particulièrement significatives

1. *Recherches sur les Cambodgiens*, par G. Groslier, Paris, 1921.

de l'art khmèr et quelques-unes peuvent même être comptées parmi les chefs-d'œuvre de cet art : elles ont été placées sur des socles assez élevés, tournées un peu obliquement par rapport à l'axe de la salle, pour recevoir ainsi l'éclairage le plus favorable, — à jour frisant, — permettant les jeux d'ombre et de lumière.

On exposa aussi dans la galerie, des agrandissements photographiques qui achevèrent la décoration murale, et des épreuves ordinaires; les uns et les autres représentent les sculptures les plus intéressantes parmi celles qui sont restées sur place ou qui font partie de différentes collections, les monuments les plus typiques et les travaux qui les ont remis au jour. Pour l'un des monuments les plus complets et les plus parfaits de l'art khmèr, Angkor-Vat, une série assez importante de photographies nous montre les diverses parties de l'édifice, dans l'ordre même où elles se présentent au visiteur qui le parcourt. D'autres épreuves permettent de comparer l'aspect ancien des portes de la ville d'Angkor, de la Chaussée des Géants, etc... et leur aspect actuel depuis les travaux de débroussaillement et de reconstitution entrepris par l'Ecole Française d'Extrême-Orient.

Ouverture d'une seconde galerie khmère et indienne (Salle Louis Delaporte)

Une seconde galerie indochinoise sera ouverte dans quelques mois dans la galerie du rez-de-chaussée sur Rue Boissière, que vient de rendre disponible le transfert de la céramique d'Extrême-Orient au second étage. Elle contiendra, avec les sculptures indoues offertes au Musée par MM. Jouveau-Dubreuil et C. T. Loo, les principaux originaux demeurés jusqu'à ce jour au Musée indochinois du Trocadéro. Cinquante-trois pièces originales doivent être ainsi transportées, comprenant huit grandes statues, de nombreuses têtes, d'assez grands bas-reliefs. Elles proviennent presque toutes des Missions Louis Delaporte de 1873-1874 et 1881-1882.

Louis Delaporte, on le sait, a consacré sa vie à étudier et à faire connaître l'art khmèr. Après avoir accompagné Doudart de Lagrée dans sa mission, il ne s'est pas contenté de retourner lui-même par deux fois en Indochine, de rapporter de nombreux originaux et de nombreux moulages. Empêché par son état de santé de repartir, il a suscité et organisé des missions nouvelles, il s'est encore, et surtout, uniquement adonné à l'organisation d'un Musée des arts de l'Indochine. Créé d'abord à Compiègne, ce Musée fut agrandi, puis transporté en 1878 au Trocadéro, et presque chaque année depuis lors jusqu'en 1900, le catalogue signale l'arrivée de pièces originales importantes ou de grands moulages. Le Musée prit ainsi sa forme actuelle, grâce à Delaporte et à ses compagnons de missions. Citons parmi ceux-ci MM. Bouillet, le Dr Harmand, le capitaine Filoz, Ratte, le Dr Jullien, Laederich, F. Faraut; n'oublions pas non plus les missions suscitées par Delaporte : Missions Fournereau et Raffegeaud (1888-1889), Urbain Basset (1896), enfin les donateurs de pièces originales : M. Adhémar Leclère, Fustier, Navelle, Aymonier, Ducos, Schneider, Rueff, Halais, et enfin les donateurs de grands moulages : S. E. le Ministre des Pays-Bas, MM. Parmentier (au nom de l'Ecole Française d'Extrême-Orient), Groslier (pour la Direction des Arts Cambodgiens). Grâce à cet ensemble de donations, le catalogue de M. Coedès comptait en 1910, au Musée Indochinois du Trocadéro, 162 pièces originales.

Le Musée du Trocadéro se trouvait ainsi réunir des originaux et un grand nombre de moulages. De cet état de choses résultait un double inconvénient : les originaux, perdus parmi les moulages, n'étaient pas mis en valeur; le relatif manque de place empêchait d'accroître largement la collection de moulages et d'y faire figurer la reproduction des nombreuses pièces découvertes chaque année en Indochine. Suivant l'idée d'union entre les Musées, de regroupement et de meilleure présentation, qui prévaut heureusement aujourd hui, une entente intervint entre la Conservation du Musée Guimet et celle du Musée Indochinois du Trocadéro, pour transporter au Musée Guimet les principales pièces originales du Musée Indochinois et organiser l'exposition prévue dans la nouvelle galerie du rez-de-chaussée. Si cette tentative de rapprochement donne les résultats espérés, la place laissée libre au Musée Indochinois lui permettra, en se consacrant entièrement aux moulages, de se développer librement et de s'affirmer comme la digne continuation orientaliste du Musée français de sculpture comparée[1].

1. Ajoutons que si l'actuel Conservateur du Musée Indochinois a bien voulu mettre gracieusement ses pièces à la

Le Musée Guimet, de son côté, groupera désormais une collection unique en France d'originaux khmèrs, collection encore complétée par les données des Archives Photographiques et par la proximité même du Trocadéro.

L'ÉVOLUTION DE L'ART KHMÈR D'APRÈS LES COLLECTIONS DU MUSÉE GUIMET

L'art khmèr, après l'ouverture de la nouvelle salle, tiendra une telle place au Musée Guimet qu'on ne jugera pas mauvais, en attendant le catalogue méthodique, de trouver ici quelques indications sur les caractères généraux de cet art étudiés à la lumière de nos collections.

L'art khmèr, on le sait, fleurit, chez les ancêtres des modernes Cambodgiens, entre le VIe et le XIVe siècles de notre ère, dans une région qui, à plusieurs reprises, dépassa les frontières du Cambodge actuel. Les ruines d'Angkor, dont

disposition du Musée Guimet, il demeure bien entendu que c'est seulement à titre de prêt et d'exposition permanente, et qu'elles ne cessent point pour cela d'appartenir au fonds Delaporte. Pour bien marquer cette réserve et pour rendre à l'illustre pionnier des études cambdogiennes l'hommage d'admiration et de reconnaissance qui lui est dû, notre nouvelle salle portera le nom de *Salle Delaporte*.

la renommée est aujourd'hui universelle, ont donné au grand public une idée générale de cet art. Idée insuffisante peut-être, car Angkor, malgré son importance, n'est pas tout l'art khmèr. Si la vieille capitale renferme un très grand nombre d'édifices de première importance, on trouve un nombre plus considérable encore de monuments épars sur la vaste superficie de l'ancien royaume. D'autre part, le terme d'*Angkoréen* ne convient parfaitement qu'au style qui s'est développé de la fin du IXe siècle au début du XIVe, alors que l'art au Cambodge, remonte sûrement au VIe siècle.

En effet, avant la fondation d'Angkor, il existait déjà au pays cambodgien un art qu'on a désigné parfois sous les noms d'art khmèr primitif, d'art indo-khmèr ou d'art pré-khmèr et que nous préférons nommer art pré-angkoréen. Cet art s'étend du VIe au VIIIe siècles et peut-être au début du IXe. A une architecture caractérisée, en général, par des tours isolées, en briques, correspondait une sculpture également très particulière.

D'après un récent travail de M. Philippe Stern [1], l'art proprement angkoréen se divise à

1. Philippe Stern, *Le Bayon d'Angkor et l'évolution de l'Art Khmèr*, Annales du Musée Guimet, Bibliothèque de vulgarisation, t. XLVI, Paris, Geuthner, 1927.

son tour en deux grands styles. Le curieux style archaïsant de Banteai Srei doit, sans doute être signalé ensuite, mais ne comprend qu'un petit nombre de monuments. L'avenir montrera si cette division en deux grands styles correspond, comme nous le croyons, à l'ordre chronologique. Dès à présent, nous jugeons commode de l'adopter, car elle permet, en tous cas, de différencier nettement les divers types de sculptures.

Art préangkoréen. — Les caractéristiques de l'art préangkoréen se décèlent au traitement du vêtement, qui souvent n'est qu'incisé, au hanchement qu'on peut remarquer sur quelques statues, à l'aspect particulier de certaines coiffures, etc...

Un premier ensemble de statues doit tout d'abord être signalé, statues généralement féminines, nettement hanchées, aux coiffures le plus souvent en forme de mitre. Deux statues de ce type, don de M. Adhémar Leclère au Musée du Trocadéro et de M. Aymonier, représentent cette série. Un autre groupe plus important comprend un grand nombre de Harihara; cette divinité, Vishnu et Çiva réunis en un seul être, semble avoir été particulièrement vénérée au VIIe siècle, et les inscriptions la mentionnent souvent. Ces statues d'une taille supérieure à celle de la précédente série, s'appuient, en général, sur une sorte d'encadrement de pierre; elles sont souvent fort belles et si l'on s'attache plus à la ligne générale de la statue qu'à l'expression de la physionomie, c'est là que se trouvent peut-être les chefs-d'œuvre de l'art khmèr. Le plus connu de ces Harihara est celui du Musée de Pnom-Penh, dont un moulage, qui était exposé au Musée Guimet, vient d'être transporté au Musée Indochinois du Trocadéro. Le Musée Guimet possède, de son côté, une tête de ce style et une très importante statue originale de Harihara, provenant du site de Mahâ Rosei et qui occupe aujourd'hui le centre de la rotonde d'entrée. Il faut noter dans cette pièce la coiffure volontairement séparée en deux parties (sans doute coiffure çivaïte et vishnuite), le demi-œil frontal, placé du côté gauche (du côté de Çiva, car seul Çiva possède un œil frontal), le trident de Çiva, le cakra ou roue de Vishnu et le vêtement portant, du côté çivaïte, l'indication d'une tête d'animal. En dépit d'exigences iconographiques aussi complexes, et tout en se conformant aux données religieuses qui l'ont inspirée, l'œuvre conserve, avec une rigoureuse unité, une impeccable eurythmie. Une statue féminine qui semble être de même date (don Adhémar Leclère), complète cette série, ainsi que différentes pièces de moindre importance. Signalons cependant, comme particulièrement caractéristique, un bronze, don de M. Ducos, figure d'homme, un bras levé, provenant de l'arrondissement de Travinh.

L'art angkoréen. — Dans la statuaire angkoréenne, le hanchement a disparu, le vêtement est généralement rayé, de nouvelles formes de coiffures ont remplacé celles de l'époque antérieure. D'après M. Stern, deux styles se distinguent, dont les caractéristiques sont les suivantes : Dans le premier style, l'arcade sourcilière est droite, *souvent absolument horizontale*, formant une arête au-dessus des yeux enfoncés. Les yeux, la bouche sont généralement bordés d'un double trait : chez l'homme, la moustache est fréquente ainsi que la barbe. Celle-ci, sur les statues en ronde-bosse, ne change pas la forme extérieure du visage mais dessine, sur le menton, une simple pointe qui correspond aux deux pointes formées aux tempes par la chevelure.

Au second style, la bouche, non bordée, s'élargit; le sourire khmèr, si particulier, apparaît;

les arcades sourcilières se courbent et s'adoucissent; les yeux, obliques parfois, se ferment souvent, ce que nous n'avons jamais vu dans un visage du premier style; les pointes aux tempes s'émoussent, la moustache disparaît et la barbe, assez peu fréquente, devient une barbiche (les pointes dessinées sur le menton ne se maintenant que pour les divinités terribles). On distingue deux manières nouvelles de traiter la chevelure.

A ces différences de visage correspondent des différences de costume. Chez l'homme, au premier style, le vêtement *descend presque jusqu'aux genoux*, et finit brusquement, sans décoration d'aucune sorte : au second style, le vêtement, *beaucoup plus court*, s'arrête à mi-cuisses, terminé le plus souvent *par un perlage*. L'ornement attaché à la ceinture suit ce mouvement : assez long et assez mince au début de l'art angkoréen, il devient, peu à peu, plus large et plus court. Un dessin spécial plaqué sur le côté gauche, assez fréquent pendant la première période, disparaît au second style. Par contre, c'est avec le second style qu'apparaît, chez la femme, la robe *à fleurs*, sans rayures, inconnue jusque-là. Enfin, quand une partie du vêtement, ce qui arrive parfois chez l'homme et chez la femme, dépasse la ceinture et retombe, dans le premier style la retombée, en arc de cercle, est devant le personnage ou légèrement sur le côté, et l'étoffe dont elle est formée est rayée, tandis que dans le second style, cette bande qui retombe, parfois double, entoure complètement la taille et prend la forme de pétales de fleurs.

Ce qui fait la solidité de ces observations, c'est que, parmi les très nombreux signes examinés, seuls ont été retenus ceux qui apparaissent toujours en liaison avec d'autres signes déterminés, sur un assez grand nombre d'exemples, créant des types et excluant ainsi toute idée de mode passagère ou de fantaisie individuelle.

La plupart des pièces du premier style qui seront exposées au Musée Guimet proviennent du Trocadéro. La principale, un grand Brahmâ, don de M. Fustier, peut être considérée comme le type même de ce style. On remarquera particulièrement l'arcade sourcilière aiguë et horizontale, les yeux et la bouche bordée, le traitement particulier de la moustache et de la barbe ainsi que du costume, la coiffure et les deux ceintures au-dessus de la taille.

Deux pièces fort importantes du même groupe

proviennent de Koh Ker, site archéologique ayant toute chance de correspondre à « Chok Gargyar », l'éphémère capitale qui, au témoignage des inscriptions, remplaça Angkor pendant seize ans, de 928 à 944. Elles ont été rapportées, ainsi que presque toutes les pièces du Trocadéro dont nous n'indiquons pas la provenance, par M. Delaporte. L'une est un personnage divin, un genou à terre, dans la position dite « assis à la javanaise », qui présente les mêmes caractères que la statue de Brahmâ. L'autre est une danseuse en ronde-bosse, pièce rare, car ce thème fréquent dans l'art khmèr, a presque toujours été traité en bas-relief : la figure et le vêtement sont analogues à ceux de la statue précédente.

Une statue, donnée par M. Adhémar Leclère au Trocadéro, porte également une coiffure et un costume caractéristiques de ce style. L'originalité de cette pièce tient à ce qu'elle représente une divinité humaine à tête de cheval, peut-être un de ces Kinnara, êtres mythiques qui, sous la forme la plus ancienne, avaient en effet une tête de cheval; assez tôt, dans l'Inde propre, une forme nouvelle remplaça l'ancien type, mais celui-ci dut cependant se perpétuer dans l'Inde

Extérieure, comme le prouve notre sculpture qui ne saurait être antérieure à la deuxième partie du IXe siècle.

Un certain nombre d'œuvres de cette même période ont été rapportées par M. Aymonier et données au Musée Guimet. Ce sont — en plus de diverses pièces de petite taille, — d'une part, une importante statue de femme provenant du Phnom Bakheng, d'autre part, deux statues se répondant, qui semblent tout à fait du début du premier style, proche encore de l'art pré-angkoréen (car l'une d'elles est vêtue d'un vêtement sans rayures). Les Khmèrs, on le sait, ont souvent, par opposition à « l'aspect doux » des divinités habituelles, donné à certaines de leurs statues, — notamment aux gardiens de portes, aux asura et aux yaksha, — cet « aspect terrible », caractérisé par les yeux ronds, les crocs sortant de la bouche, etc... L'aspect terrible empêche notre statue d'avoir l'arcade soucilière droite et, comme nous l'indiquons, le costume n'en est pas rayé, mais elle possède la plupart des autres caractéristiques du groupe auquel nous la rattachons.

La statue du Phnom Bakheng mérite une attention particulière, *car c'est une des rares statues khmères dont la date puisse être exactement fixée.* Sans doute sommes-nous, en présence de la statue érigée dès l'origine dans le sanctuaire du temple, car le costume assez particulier — robe en forme de cloche, — se retrouve sur les bas-reliefs récemment découverts qui ornaient extérieurement ce sanctuaire. Ces bas-reliefs sont analogues à ceux de Lolei, temple de style semblable à celui du sanctuaire de Phnom Bakheng et qui est un des très rares édifices, khmèrs presque certainement daté (893 A. D., c'est-à-dire époque du roi Yaçovarman). De plus, nous connaissons par une inscription le nom ancien du Phnom Bakheng : Yaçodhareçvara ; c'est donc une fondation de Yaçovarman. Or ce roi est, d'après l'inscription, le fondateur même d'Angkor. Nous avons ainsi une statue qui semble nettement représenter l'art religieux au temps de la fondation de la grande capitale.

Deuxième style. — Les différences entre les deux styles que nous avons définis ressortent de la comparaison même des pièces réunies au Musée Guimet. Il convient de remarquer particulièrement à cet égard les arcades sourcilières, le traitement des lèvres, la chevelure, l'expression générale de la figure. Mais ce que l'art khmèr a produit de plus émouvant, ce sont encore certaines têtes dont le sourire, les yeux fermés, l'expression de douceur, de compassion pour tous les êtres, de repliement sur soi-même, semblent déceler une inspiration bouddhique. Quelques bons exemples de cette série font l'honneur de la première salle khmère du Musée Guimet. Sur la plupart de ces visages flotte ce que l'on a appelé à juste titre le *sourire d'Angkor.* Ce sourire bouddhique, en effet, expression la plus haute de la béatitude, peu d'artistes nous semblent l'avoir rendu avec autant de mysticité que ceux du vieux Cambodge. A Sârnâth même et à Bôrôbodur, il restait encore humain, trop humain. Ici, il est vraiment allégé de toute contingence, c'est le sourire immobile, insaisissable, reflet mystérieux de la lumière intérieure du *nirvâna.* Citons seulement à ce sujet, la première tête, placée à droite, à l'entrée dans la salle khmère du Musée Guimet; c'est la quintessence même du sourire bouddhique, et qui a *compris* cette statue a compris tout le Bouddhisme [1].

Autour de ces têtes en quelque sorte classiques, viennent se grouper d'autres pièces d'une

1. René Grousset, *Histoire de l'Extrême-Orient* (sous presse), Paris, Geuthner, 1928.

inspiration proche. Certains visages, tout en conservant cette expression si particulière, paraissent d'un type ethnique plus marqué, sans qu'il puisse s'agir, comme on l'a cru un moment, de portraits. Une tête à barbiche, très probablement çivaïte, s'oppose aux têtes précédentes que nous avons d'assez fortes raisons de croire bouddhiques. Malgré la différence religieuse, elle conserve d'ailleurs le même style.

L'aspect terrible est représenté dans ce groupe par une pièce donnée par le Gouvernement général de l'Indochine. On y retrouve les yeux ronds et les crocs symboliques. Une tête, en grès rose, au sourire et à la coiffure non moins caractéristiques (don du Gouvernement général de l'Indochine), représente ces têtes diadémées qui, sur les bas-reliefs annoncent les apsaras et les danseuses; une tête du même genre vient du Trocadéro.

Il y a lieu de signaler ici un aspect assez particulier de l'art khmèr, se rattachant, d'après M. Stern, au deuxième style, et qui serait peut-être dû à une influence étrangère. Le groupe auquel nous faisons allusion est représenté notamment par le « Bouddha sur le nâga », trouvé par M. Commaille et exposé au Musée de Phnom

Penh, et par une série de têtes analogues découvertes pour la plupart au Bayon. Ces diverses œuvres, que certains trouveront peut-être un peu froides, ont un aspect curieusement « classique », et on croit deviner, à travers bien des intermédiaires, une lointaine influence gréco-bouddhique parvenue jusqu'à elles. Signalons dans la première salle khmère, comme particulièrement marquante, une tête de cette série, donnée par le Gouvernement général de l'Indochine : pièce qui laisse une impression de conservation extraordinaire, le poli ancien de la pierre subsistant sans une éraillure.

Dans le groupe du deuxième style, nous n'avons jusqu'ici décrit que des têtes. C'est qu'en effet, la plupart des statues de ce groupe ne nous sont parvenues que décapitées : d'où la rareté des deux pièces intactes, masculine et féminine, prêtées par le Musée du Trocadéro, et qui présentent toutes les caractéristiques du « Deuxième style ».

Un troisième style, très court, de tendances à la fois « flamboyantes » et archaïsantes, et qui ne comprend d'ailleurs qu'un nombre très réduit de sculptures, semble clore l'évolution de l'art khmèr; c'est l'art de Bantéai Srei, tout récemment mis en lumière par MM. Finot, Parmentier et Goloubew [1]. Une statue du Musée Guimet où se trouvent associés les éléments de la sculpture préangkoréenne et du premier style angkoréen peut, avec la plus grande vraisemblance, être rattachée à cet art.

Il faut signaler, en dehors de la division générale par styles, quelques sculptures de caractère particulier et qui méritent à ce titre une mention spéciale. Notons spécialement une des figures que les Khmèrs représentent le plus volontiers, celle du Bouddha méditant, protégé par le *nâga* (ou serpent divin) Mucilinda, peu après la scène de « l'Illumination ». Rappelons à ce propos, la place attribuée au *nâga* dans l'art décoratif khmèr, le culte du serpent ayant sans doute joué un rôle particulièrement important dans les religions indigènes de l'Indochine. Cette figure du Bouddha assis sur le *nâga* présente différents types et, d'après M. Stern, forme la liaison entre le premier et le deuxième style : type orné de bijoux, ayant les caractéristiques de visage et de coiffure du premier style, figures

1. *Le temple d'Içvarapura* (*Banteai Srei*) par Finot, Parmentier et Goloubew, *Mémoires de l'Ecole Française d'Extrême-Orient*, (Paris, van Oest, 1927).

sans bijoux, ayant le sourire qu'on rencontre à la deuxième période, sculpture intermédiaire, etc.

Des figures décoratives assez nombreuses, figures féminines : apsaras et danseuses, ornent les édifices khmèrs. La place nous manque ici pour dire tout le charme de ces apparitions dansantes où le génie khmèr a ajouté son mystère à la souplesse voluptueuse des thèmes analogues de la sculpture indoue. Contentons-nous de renvoyer à ce sujet à l'étude récemment consacrée aux *Danses cambodgiennes*, par Mlle Sappho Marchal, fille de l'éminent Conservateur du groupe d'Angkor.

On rencontre fréquemment dans l'art khmèr des sortes de bornes et des monuments se rapprochant plus ou moins de la forme du *liṅga*, peut-être effectivement phalliques. Plusieurs de ces pierres faisaient partie de la collection du Trocadéro, mais la plus intéressante a été récemment découverte par MM. Finot, Parmentier et Goloubew, et fait partie du don du Gouvernement général de l'Indochine. Ce monument, outre son importance artistique, souligne curieusement quelques caractères du Bouddhisme du « Grand Véhicule » indochinois.

Comme le public pourra le constater, certaines

des sculptures originales du Musée Indochinois ont dû, vu leur grande taille et la difficulté de leur transport, rester, au moins provisoirement, parmi les moulages du Trocadéro. Parmi ces statues, distraites de l'Exposition actuelle mais que la proximité du Musée Indochinois permettra de visiter en sortant du Musée Guimet, nous devons signaler un «gardien de porte », de grande taille, ainsi qu'une pièce fort importante, balustrade de géants soutenant le serpent sacré et provenant du Prah Khan d'Angkor. Toutefois une tête de *deva* et une tête *d'asura*, — « aspect doux » et « aspect terrible » de la divinité, — provenant toutes deux de cette balustrade, ont pu être transportées et figureront dans la nouvelle galerie du Musée Guimet.

Sans allonger ces notes par des considérations sur la sculpture animale khmère, nous rappellerons en passant l'importance de ces œuvres, en signalant, à titres d'exemples, le *nâga* à « tête déployée » qui doit figurer dans la nouvelle galerie du Musée Guimet, et aussi les lions et l'éléphant du Musée Indochinois qui demeurent provisoirement, vu leur taille, au Trocadéro.

C'est à l'art khmèr qu'appartiennent la presque totalité des pièces indochinoises du Musée

Guimet. Cependant, comme on le sait, l'Indochine ancienne et médiévale a vu se développer un autre peuple indigène de culture indianisante comme les Khmèrs, les Chams. Ces frères ennemis du peuple khmèr fondèrent à la fin de l'antiquité un puissant royaume qui occupait tout le sud de l'Annam actuel et qui ne fut détruit qu'au XIVe siècle de notre ère, par la descente annamite. Indianisés comme les Khmèrs, ayant adopté aussi le sanskrit comme langue de cour, le brahmanisme et le bouddhisme comme religions nationales, les Chams donnèrent naissance à un art d'inspiration indienne comme l'art khmèr, profondément original comme celui-ci, et dont la valeur n'est pas inférieure à celle du grand art d'Angkor.

L'architecture du Champa, principalement représentée par des tours isolées, en briques, est sans doute moins saisissante que celle du Cambodge, bien que sa perfection technique et décorative ait dès l'origine retenu l'attention des archéologues. Mais c'est la sculpture chame, surtout, qui nous a laissé une floraison de chefs-d'œuvre. Chefs-d'œuvres difficiles à connaître en Europe : la plupart des sculptures chames qui ne sont pas restées en place, ont été conservées par le Gouvernement de l'Indochine et réunies au Musée de Tourane. Un nombre très restreint a passé l'océan. Dans la nouvelle galerie du Musée Guimet, on trouvera, du moins, accompagnés de précieuses photographies, quelques bas-reliefs et une statue. L'importance de cette statue, donnée au Trocadéro par M. Navelle, ne saurait être exagérée. Comme on s'en convaincra, c'est non seulement l'un des plus heureux spécimens de l'art du vieux Champa, mais une des merveilles de l'art indochinois en général. C'est elle qui doit figurer à la place d'honneur dans le fond de la nouvelle galerie du Musée Guimet.

Salle de peintures chinoises

Les peintures chinoises du Musée Guimet avaient été, en 1921, l'objet d'un reclassement méthodique; elles furent disposées dans une salle du deuxième étage, pourvue d'un ciel ouvert; une partie des frais de réfection de cette salle, qui devait porter le nom du regretté Raphaël Petrucci, avaient été supportés par Mme Petrucci, en effet, avait libéralement mis à la disposition du Musée le montant du prix Stanislas Julien décerné par l'Académie des Inscriptions et Belles-Lettres à la traduction par Raphaël Petrucci de l'*Encyclopédie de la peinture chinoise*, le *Kiai-Tseu-yuan-houa-tchouan*, (Paris, 1918).

Une salle des *influences occidentales dans l'art chinois* fut aménagée à la suite de la salle de peintures chinoises, c'est dans cette salle que sont exposées les 16 estampes gravées à Paris de 1767 à 1774, représentant *Les conquêtes de l'Empereur de la Chine* [1]. Le donateur de cette remarquable série, M. L. Wannieck, avait bien voulu joindre à ce don les estampes représentant la campagne contre les Barbares du Yun-nan tirées dans les ateliers du Tsao-pan-tch'ou. C'est dans cette salle qu'est exposée la composition due au pinceau du frère jésuite italien Castiglione, *la présentation à l'empereur K'ien-long du tribut offert par les Qazak-Kirghiz*, offerte par le général H. Frey.

Acquisition d'une collection de sculptures gréco-bouddhiques (1922)

Le Musée a pu acquérir une remarquable collection de sculptures gréco-bouddhiques com-

1. P. Pelliot, *Les conquêtes de l'empereur de la Chine*, T'oung pao, 1920, p. 183.

prenant trente-cinq pièces. Cinq bas-reliefs représentant des épisodes de la vie du Bouddha offrent un intérêt tout particulier[1]. Cet ensemble a été cédé dans de très bonnes conditions par M. Haase. Les paiements ont été effectués au moyen de prélèvements opérés sur les produits du droit d'entrée, les recettes étant reversées au Musée, déduction faite d'un pourcentage réservé par l'administration pour couvrir les frais de perception.

Dons Philipon

En juin 1922, M. René Philipon ayant offert au Musée environ 150 aquarelles et peintures originales du peintre Barbot qui visitait l'Egypte vers 1847, une exposition de ces documents fut organisée dans la Salle des Conférences. Les frais de réfection de la salle et les frais d'encadrement furent supportés par M. René Philipon. Dans cette même salle fut exposé un moulage de la réplique de la stèle nestorienne de Si-ngan-fou, offert au Musée par le Dr Frits Holm, en souvenir d'Edouard Chavannes.

1. J. Hackin, *Guide-Catalogue du Musée Guimet, Collections Bouddhiques*, Paris, 1923.

Au début de 1924 M. René Philipon nous fit part de son désir d'assurer au Musée Guimet la propriété de sa collection d'objets d'art de l'Extrême-Orient, comprenant plus de 600 objets : laques et ivoires du Japon (netzké, inro, peignes) bronzes, porcelaines et jades de la Chine. Les intentions du généreux donateur furent très rapidement réalisées : un acte notarié passé par devant Me Leguay, notaire à Chevreuse, enregistré le 25 mars 1924, assurait au Musée Guimet la nue-propriété de l'ensemble, des objets d'Extrême-Orient. Le catalogue en fut dressé par les soins de la conservation du Musée Guimet[1] (14 mars 1926). M. Philipon accordait en outre au Musée Guimet la nue-propriété de deux actions de la Banque de France afin d'assurer dans les meilleures conditions la présentation de cette importante collection.

Salle d'Afghanistan

En l'absence du conservateur du Musée, chargé d'une mission archéologique en Afghanistan — M. C.-E. Maitre étant indisponible pour rai-

1. *Collection Philipon, Asie Centrale et Extrême-Orient*, par J. Hackin, Paris, 1927.

son de santé — M. Ph. Stern prépara, d'accord avec M. et Mme Godard, le commandant Lartigne et le professeur Osvald Sirén une exposition[1] des documents photographiques consacrés d'une part aux principaux sites archéologiques de l'Afghanistan (Bâmiyân [2], Kâbul, Ghazna, Hadda) d'autre part à des clichés pris dans les grottes du T'ien-long-chan (province du Chan-si), du T'o-chan, du Yun-nien-chan et du Yun-han-chan (province du Chan-tong).

Des documents originaux découverts par M. et Mme Godard à Hadda, près de Jelâlâbâd sont également exposés dans la salle d'Afghanistan où l'on peut voir quelques objets provenant des fouilles exécutées en décembre 1924 à Pâtâva, près de Tcharikar dans l'ancien Kapiça[3].

1. *Exposition de récentes découvertes et de récents travaux archéologiques en Afghanistan et en Chine, Musée Guimet*, 14 mars 1925, 1 brochure in-12, de 62 pages.

2. A. Foucher. *Notice archéologique de la vallée de Bâmiyân* Journal Asiatique, août-juin 1923, p. 352 et p. 354-368. A. Godard, Y. Godard et J. Hackin. *Les Antiquités bouddhiques de Bâmiyân*, Paris, 1928.

3. J. Hackin, *Sculptures gréco-bouddhiques du Kapiça* (*Monuments et Mémoires publiés par l'Académie des Inscriptions et Belles-Lettres*, t. XXVIII).

R. Grousset, *Les grandes périodes de l'art indien d'après les dernières acquisitions du Musée Guimet* (Revue de l'Art, juillet-août 1927, p. 99-101).

Des documents rapportés par M. A. Foucher, chef de la Délégation archéologique française en Afghanistan seront également exposés dans cette salle.

Dons Clemenceau

Un lot de sculptures gréco-bouddhiques, en schiste bleu du Gandhâra, a été offert au Musée Guimet, en 1927 [1], par M. Georges Clemenceau : Une tête de Bouddha aux cheveux ondés à la grecque, un bas-relief représentant un groupe de Bouddhas, de Bodhisattva, des *devata*, drapés dans le manteau monastique (*sanghâti*) et le génie familier Vajrapâni. Sur une autre pièce, un fragment de soubassement, sont traités deux épisodes de la vie du Bouddha, la donation de la courtisane Amrapâlî et l'aumône de poussière, qui met en scène le futur empereur Açoka et le Bouddha. Notons aussi un très beau Bouddha méditant, pièce voisine du Ier siècle de notre ère, de l'époque où les derniers successeurs d'Alexandre venaient de faire place

1. Voir *Beaux-Arts*, 1er mars 1927, p. 72-74. R. Grousset, *loc. cit.*, p. 99-100.

dans la vallée de la rivière de Kâbul, à des princes scythes plus ou moins hellénisés.

M. Georges Clemenceau a joint à ces remarquables pièces une statuette en bronze doré provenant du Nepâl et représentant le Bouddha Vajradhara et sa çakti, un petit bronze javanais (Kubera, le dieu des richesses) et un Bouddha birman.

DONS CH. VIGNIER

La section d'archéologie indienne a reçu trois fragments de sculptures offerts par M. Ch. Vignier, une tête de *yaksha* (Ecole de Mathurâ, grès rose, *circa* IIIe siècle de notre ère), œuvre bouddhique portant déjà la marque des influences çivaïtes qui tiennent une si large place dans le panthéon du Bouddhisme tardif de l'Inde, de l'Asie centrale (Mission Paul Pelliot) et du lamaïsme tibeto-mongol. Les détails qui caractérisent ces divinités d'aspect terrible (*lâmasik*), — yeux ronds exhorbités, chevelure de flammes, diadème de crânes, — sont déjà très nets sur cette œuvre ancienne.

M. Ch. Vignier a également offert deux autres pièces, un fragment de *stûpa*, jaïna ou bouddhique de l'école de Mathurâ et une tête de Bodhisattva provenant vraisemblablement de l'Orissa.

Don Miestchaninoff

M. Oscar Miestchaninoff nous a remis, au retour d'un voyage dans l'Inde, un très beau morceau de sculpture, malheureusement très mutilé, provenant vraisemblablement du Béhar, (*circa* VIIIe siècle), et représentant Çiva et Parvatî sur le taureau.

Dons Jouveau-Dubreuil et C.-T. Loo

Nous devons saluer comme un événement particulièrement heureux le don fait au Musée Guimet par MM. Jouveau-Dubreuil et C.-T. Loo de deux splendides reliefs de marbre, œuvres de l'école d'Amarâvatî. Cette ville, on le sait, fut un moment la capitale du royaume des Andhra (les Andarae de Pline) qui subsista du IIe siècle avant Jésus-Christ au IIe siècle de notre ère, et qui, en face des dominations helléniques ou scythiques installées dans le Nord, constituait, à bien des égards une « Inde indienne », refuge du génie national. Cet art national d'Amarâvatî établit un lien étroit entre les anciennes écoles de Bhârhut et de Sâñchî, et l'art pallava de Mâvallipuram (Sept-Pagodes). Le hiatus provoqué jusqu'à un certain point dans le Nord par l'imitation hellénistique n'existe donc pas ici. Le génie indien y poursuit librement son évolution, sans que rien vienne contrarier ses tendances.

Le premier de ces reliefs, de 1 m. 77 de haut, représente l'Assaut de Mâra, cette scène est traitée tout à fait à la manière de l'ancienne école de Sâñchî, dans laquelle le Bouddha n'est jamais représenté, mais seulement figuré par un certain nombre de symboles : ici, par l'arbre de la Bodhi, le Siège et l'empreinte des Pas. Les nus féminins des filles de Mâra, s'apparentent à ceux des Yakshinî de Sâñchî, mais, tout en restant aussi voluptueux, ils revêtent déjà cette grâce allongée qui triomphera à Aihole et à Mâvallipuram. En même temps, les éléphants de l'armée de Mâra et les divers animaux de la frise inférieure nous montrent ce réalisme synthétique, à la fois vigoureux et souple, qui demeurera l'apanage des animaliers indiens, depuis Sâñchî jusqu'aux ratha de Mâvallipuram. Notons aussi, au point de vue iconographique, la présence, dans les représentations des soldats de Mâra, de détails, comme la face abdominale, qu'on retrouvera par la suite jusque dans les peintures de la mission Pelliot, à Touen-houang.

Dans le second relief offert par MM. Jouveau-Dubreuil et Loo, nous voyons triompher les tendances naturalistes apparues à Sâñchî et à Bhârhut [1]. Ce document représente diverses scènes qui semblent appartenir au cycle de la vie mondaine du futur Buddha; tout d'abord la scène célèbre du sommeil des femmes dont on connaît de nombreuses répliques gandhâriennes; puis l'épisode représenté à la partie inférieure, où apparaissent des nus féminins traités avec une liberté, une fraîcheur, une « douceur de vivre » et aussi une sensualité affinée qui classent ce fragment parmi les plus heureuses productions du génie indien; cette dernière scène

1. Le lieu de la découverte, la colline de Nagarjunikonda (district de Guntur), ne figure pas sur l'officielle *List of Ancient Monuments selected for conservation in the Madras Présidency*, Madras, 1917. L'acquisition date de juin 1926, le site fut classé par un acte du gouverneur en Conseil de la Présidence de Madras le 1er décembre 1926. Voir *The Fort Saint George Gazette*, n° 41, décembre 7 th, 1926, p. 2434.

évoque vraisemblablement — la proximité de la scène du sommeil des femmes semble autoriser cette hypothèse — la scène décrite dans le *Lalita-Vistara*: « Dans l'appartement des femmes, il donna des ordres : N'interrompez pas un instant la musique et les chants; tous les plaisirs et tous les jeux doivent être continués sans cesse. Déployez toutes les séductions des femmes, enchaînez le jeune prince, de sorte que, l'esprit charmé, il ne s'en aille pas en religieux errant.

...« Et la troupe des jeunes femmes reçoit cet ordre : n'interrompez jamais les chants; tenez-vous toujours prêtes; enchaînez son cœur par les jeux et les plaisirs; tout ce qu'il y a de séductions variées des femmes, déployez-les avec beaucoup d'activité; faites bonne garde, créez des empêchements pour que l'être pur ne s'en aille pas. » Il semble bien en effet que les femmes s'efforcent de retenir le Bodhisattva, tandis que la partie inférieure de la composition nous montre les corps graciles, « souples comme lianes », offerts et dédaignés. On remarquera la grâce sensuelle de la femme agenouillée, soutenue ou lutinée par une naine. A gauche se trouve probablement une représentation du Bodhisattva adressant à son père la requête suivante : « N'y faites pas davantage obstacle et ne vous faites pas de chagrin; puisque, pour sortir de la famille, c'est le temps et l'heure convenables, ô roi, avec le peuple, avec le royaume, souffrez donc que je parte, ô maître des hommes.» La scène du sommeil des femmes suit cet épisode (*Lalita-vistara*, ch. XIV et ch. XV). Ce fragment, d'un art si profondément émouvant, d'une technique si savante, date vraisemblablement du IIIe siècle de notre ère.

M. Jouveau-Dubreuil a également offert au Musée une tête de Bouddha provenant de Vijiaderpuram, près de Bezvada; la faible saillie de la protubérance cranienne (*ushnîsha*), le dessin stylisé des boucles de la chevelure, la solide construction du visage en font une œuvre très caractéristique. Le réalisme des traits, aux lèvres curieusement accusées, irait jusqu'à évoquer une statue-portrait de la Rome impériale. On pourrait même songer à ce propos, comme le suppose M. Jouveau-Dubreuil, à une influence romaine s'exerçant par mer sur l'empire Andhra. « L'aspect général », nous dit M. Jouveau-Dubreuil [1], « est très romain; enfin cette image est sculptée

1. G. Jouveau-Dubreuil, *Les Pallavas* (*Revue historique de l'Inde française*, vol. 1, p. 235).

dans le marbre, à la manière antique. Je crois que cette œuvre, faite dans l'Inde par un hindou, montre combien profonde fut l'influence latine, sur les bords de la Krishnâ, aux premiers siècles de notre ère. » Il importe également de signaler qu'à l'endroit précis où cette tête fut trouvée, M. Rea avait mis au jour une monnaie romaine [1].

Pour clore le cycle de l'évolution indienne, le Musée Guimet s'est enrichi d'un bronze dravidien çivaïte, encore offert par MM. Jouveau-Dubreuil et Loo; ce bronze, de 0 m. 70, remonte au xve siècle, c'est-à-dire à la belle époque de l'empire de Vijayanagar. Il représente Çiva, mais ce n'est pas ici le dieu de terreur, le formidable danseur de la danse cosmique; le Çiva du Musée Guimet est représenté dans son rôle de protecteur des sciences et des arts (Vinâdhara dakshinâ mûrti). A ce titre, d'ailleurs, le sculpteur était plus que jamais tenu à se conformer au canon de l'esthétique indienne avec ses proportions rigoureusement déterminées, l'axe de la tête, du tronc et des jambes devant, par exemple, former une ligne brisée, tandis que le geste de chacun des quatre bras, comme la

1. Madras G. O. Public., n° 457 of April 30, 1888, p. 17.

nature des attributs qu'ils supportent, était rituellement fixé d'avance. Le bronze offert par MM. Jouveau-Dubreuil et C.-T. Loo nous montre en effet dans sa souveraine élégance et sa svelte eurythmie une sorte d'Antinous indien auquel le hanchement prononcé et la haute coiffure çivaïte ajoutent un charme de plus. Et au lieu de la physionomie un peu vide de l'éphèbe gréco-romain, nous avons ici ce que les Indiens appellent l'expression du Sthâyibhava, la plénitude de sérénité de l'être enfin parvenu à la délivrance [1].

Remercions chaleureusement l'excellent archéologue Jouveau-Dubreuil qui nous a valu ces merveilles et qui, de Pondichéry où il réside, ne cesse de s'intéresser à notre Musée. Remercions aussi M. Loo qui ne s'est pas contenté d'acquérir pour le Musée les belles trouvailles de M. Jouveau-Dubreuil, mais qui a encore fait exécuter à ses frais toutes les dépenses d'aménagement de la nouvelle salle indienne et khmère : son importante subvention à laquelle sont venues se joindre celle du Gouvernement Général de

1. R. Grousset, *Les grandes périodes de l'Art indien d'après les dernières acquisitions du Musée Guimet* (*Revue de l'Art*, juillet-août 1927, p. 99-106).

l'Indochine et celle du colonel et de madame Kerrigan, a permis de repeindre, d'éclairer et d'équiper d'une manière vraiment moderne cette galerie. Grâces lui soient rendues pour son élégante générosité!

Dons Osvald Sirén

Au professeur Osvald Sirén, le Musée Guimet est redevable d'une sculpture chinoise de la fin de l'époque Song, représentant le Bodhisattva Avalokiteçvara. Le British Museum, le Museum of Fine Arts de Boston et quelques collections privées possédaient déjà depuis quelques années ce type de Bodhisattva à la pose alanguie, au visage un peu empâté, chargé d'ornements. Il est heureux qu'une pièce de cette importance, qui marque la transition entre le Bodhisattva méditant gréco-bouddhique [1] et la Nyorin Kwannon [2], ait trouvé sa place au Musée Guimet. Une vitrine de la salle où se trouve exposé le Bodhisattva renferme une vingtaine de petits bronzes votifs d'époque Souei et d'époque

1. A. von Le Coq, *Die Buddhistische Spätantike in Mittelasien*, I, pl. 3.
2. Karl With, *Die Japanische Plastik*, fig. 51.

T'ang, représentant des Bouddhas et des Bodhisattvas. Quelques-uns de ces bronzes ont déjà été publiés dans le tome VII d'*Ars Asiatica* [1] (Pl. XXIV, XXV, XXVI). La pièce la plus importante est un petit autel où figure Padmapâni assisté de deux autres Bodhisattvas. Le professeur Sirén a en outre offert au Musée une série d'estampages et un choix de peintures chinoises. Accordons une mention toute particulière à deux peintures représentant l'une un bonze communiquant avec le dragon, l'autre un dignitaire lamaïste assisté de deux lamas.

Don Wannieck

M. L. Wannieck a offert au Musée une tête de gardien de porte (*dvârapâla*) provenant de la Chine septentrionale. Ce document atteste une étroite parenté de style avec les œuvres étudiées par Ed. Chavannes à Long-men [2] « dont la fac-

1. *Documents d'art chinois de la collection Osvald Sirén publiés avec une préface de M. Raymond Kœchlin sous la direction de M. Henri Rivière avec la collaboration de MM. Serge Elisséèv. Gustav Munthe, Osvald Sirén.*
2. Ed. Chavannes, *Mission*, fig. 358-359.

ture prouve les rapports étroits qui existent entre l'art japonais de l'époque Nara (710-764) et l'art chinois de l'époque des T'ang. »

Don Lefaivre

M. Jules Lefaivre, ministre plénipotentiaire, a fait attribuer au Musée la collection de marionnettes de Wayang qu'il avait réunie pendant son séjour à Java.

Don Lanos

Mme Lanos a fait don au Musée de deux beaux sceptres de jade (XVIIIe siècle).

Don de Freycinet

Mlle de Freycinet a remis au Musée quelques objets d'art de Chine et de Birmanie, étoffes brodées, ivoires, bijoux (XVIIIe siècle). Le don a été fait en souvenir de M. et de Mme de Freycinet.

Don Paponot-de Gatines

Les héritiers de M. Félix Paponot ont remis au Musée un beau fragment de naos égyptien.

PUBLICATIONS

La situation financière du Musée, très précaire jusqu'au début de 1927 — on peut s'en rendre compte par l'exposé que nous faisons ici-même (p. 64) — nous interdisait de recourir en 1919 aux méthodes qui caractérisaient le régime d'avant-guerre : la disparition de M. Guimet, la réduction des crédits, la formidable augmentation des dépenses d'impression ne permettaient plus au Musée d'éditer entièrement à ses frais les *Annales du Musée Guimet.* Nous ne pouvions cependant pas nous résoudre à laisser péricliter une entreprise qui avait rendu, et qui pouvait rendre encore de signalés services à l'orientalisme [1]. Outre leur intérêt scientifique, les *Annales du Musée Guimet* représentaient pour notre bibliothèque une précieuse monnaie d'échange, bon nombre de périodiques nous parvenant par cette

1. Rappelons que l'Académie des Inscriptions et Belles-Lettres, décernant pour la première fois, en 1908, le prix Lefèvre-Deumier, avait attribué cette récompense à M. Emile Guimet et à M. Franz Cumont.

voie. Hâtons-nous de dire que la publication des *Annales du Musée Guimet* ne fut jamais interrompue, la *Revue de l'Histoire des Religions*, dirigée par MM. René Dussaud et Paul Alphandéry, parut pendant toute la guerre. Le zèle et l'esprit d'initiative de M. Paul Geuthner, activement secondé par M. Ort, nous permit de reprendre dans d'excellentes conditions, la publication de la *Bibliothèque d'études* et de la *Bibliothèque de vulgarisation.* Les frais de la publication des ouvrages étaient assurés par M. P. Geuthner; le Musée se réservait, à des conditions très modérées, un certain nombre d'exemplaires (variant entre 100 et 150) pour faire face aux besoins de son service d'échange et de dons. Nous devons ajouter qu'à la suite d'une entente intervenue entre M. Moret, Sir James Frazer et Lady Frazer, le Musée a bénéficié d'une subvention de quatre mille francs destinée à faciliter la publication d'une édition française d'Atys, Adonis et Osiris. Le premier volume, traduit par Lady Frazer, a paru en 1922 (Tome XXIX de la *Bibliothèque d'Etudes*). Une nouvelle subvention de six mille francs fut versée en 1922 pour assurer la publication des *Origines de la famille et du clan* (traduction de la Comtesse Jean de Pange, *Bibliothèque d'Etudes*, tome XXX). Le reliquat de cette subvention permit d'éditer, en 1925, *Atys et Osiris* (traduction M. Peyre, *Bibliothèque d'Etudes*, t. XXXV). On trouvera à la fin de ce volume une liste des publications parues jusqu'à ce jour et des publications en cours d'impression ou en préparation. L'*Histoire de l'Extrême-Orient* de M. René Grousset, la *Grammaire tibétaine* de M. Jacques Bacot, les *Maîtres de la philologie védique* de M. Louis Renou, paraîtront en 1928 dans la *Bibliothèque d'Etudes. Le Bayon d'Angkor et l'évolution de l'art khmèr* de M. Philippe Stern vient de paraître dans la *Bibliothèque de Vulgarisation*, les *Conférences* de M. B. Alexéév sur la Littérature chinoise et la *deuxième série de Conférences sur l'Arménie* de M. F. Macler paraîtront dans la même série. La Bibliothèque d'art poursuit la publication de l'ouvrage de M. O. Sirén, *Les peintures chinoises dans les collections américaines.* Ajoutons enfin que la *Revue de l'Histoire des Religions*, qui reçoit du Musée Guimet une trop modeste subvention, nous fournit en retour un certain nombre d'exemplaires dont nous assurons le service à quelques-uns de nos correspondants.

Bibliothèque

La Bibliothèque du Musée Guimet [1] se trouvait, en 1919, dans une situation particulièrement difficile. La guerre avait à peu près interrompu le recrutement des livres; il y avait, par conséquent, de très importantes lacunes à combler. Notre service d'échange, alimenté par nos publications, assura une reprise rapide de notre activité, et, dans une certaine mesure, la réception des publications parues pendant la guerre. Mais aucun crédit n'était prévu au budget pour nous assurer l'acquisition de bon nombre d'ouvrages indispensables parus immédiatement avant la guerre ou aussitôt après la cessation des hostilités. Grâce au concours généreux du Gouvernement de l'Indochine, de l'Association française des Amis de l'Orient, de M. R. Pfister et, depuis 1923, de l'Association des Amis du Musée Guimet, un grand nombre d'ouvrages furent acquis. D'importantes séries comme l'*Encyclo-*

1. Sur la Bibliothèque du Musée Guimet, voir l'article de M. Maurice Dupont, paru dans le t. XXVIII de la *Bibliothèque de Vulgarisation* (1908), pp. 113-130.

pædia of Religions and Ethics de Hastings, l'*Encyclopædia Japonica*, l'*Encyclopédie des Indes néerlandaises*, furent acquises.

De nombreux achats furent faits en Allemagne, grâce au dévouement inlassable du Commandant B. Favre (actuellement lieutenant-colonel et directeur de l'Institut franco-chinois de l'Université de Lyon).

D'autres ouvrages, particulièrement précieux, nous furent offerts par de généreux donateurs. Citons la luxueuse publication japonaise *The Imperial City of Peking, China*, don de M. Bouasse-Lebel, Les *Japanese temples and their treasures*, don de M. Chevallier. *Serindia*, don de Sir Aurel Stein, etc. etc.

En 1925, Mlle E.-M. Maitre, MM. Gabriel, Henri et Marcel Maitre offraient au Musée l'importante collection de livres japonais entreposée au Musée par leur regretté frère, notre excellent collaborateur C.-E. Maitre, ancien directeur de l'Ecole française d'Extrême-Orient, conservateur-adjoint du Musée Guimet, décédé le 3 août 1925. Le catalogue de cet important ensemble a été dressé par les soins de M. Serge Elisséèv.

L'activité de M. Serge Elisséèv s'est heureusement exercée en faveur de notre bibliothèque.

C'est à son initiative que nous devons les belles publications archéologiques du gouvernement général de la Corée (*Chôsen Koseki tsufû*). M. S. Umehara a d'ailleurs complété notre documentation coréenne et chinoise en nous offrant toute une série de publications sur les miroirs anciens. Enfin le Marquis Hosokawa, membre de la Chambre des Pairs du Japon, qui vint au Musée accompagné de M. S. Elisséèv, a offert tout récemment à la Bibliothèque un exemplaire de la nouvelle édition, en cours de publication, du Canon bouddhique, qui paraît sous la direction de MM. J. Takakusu, membre de l'Académie Impériale du Japon, et K. Watanabe, professeur de sanscrit à l'Université Taishô, à Tôkyô. Cette publication dont le titre est : *Taishô Issai-kyô*, comprendra 2.656 ouvrages en 12.541 chapitres. « A l'édition de Tôkyô (1880-1884) elle ajoute les textes les plus importants incorporés dans la collection du Supplément du *Tripitaka* (*Zokuzô*) parue à Kyôto en 1912 et devenue introuvable, les textes nouveaux (154), fournis par les explorations de l'Asie Centrale, des inscriptions historiques, des traités (586) écrits en Chine, en Corée, au Japon, des mémoires historiques, géographiques, biographiques, enfin les œuvres les plus importantes des patriarches du bouddhisme japonais. Les éditeurs avaient prévu un total de 55 volumes, et les prix avaient été établis sur ce chiffre. Mais la matière mise en œuvre dépasse le cadre; les 55 volumes ne suffiront qu'à 2.160 ouvrages en 9.030 chapitres. Il faut espérer qu'une publication supplémentaire permettra l'édition totale des textes élaborés. Le prix de cette édition est d'environ cent livres sterling »[1].

Le Musée ne possédait aucune édition du canon bouddhique : c'est dire l'opportunité du geste généreux du marquis Hosokawa.

Le général comte d'Ollone a déposé au Musée une importante série de livres chinois consacrés en majeure partie au Mahométisme. M. Louis Finot a fait don d'un lot important de livres et de publications sur l'Inde et sur l'Indochine que nous n'avons pas encore eu le temps d'inventorier.

Nous nous sommes efforcés de compléter par des achats effectués de 1925 à 1927 les enrichissements que nous venons de signaler. Notre

1. Sylvain Lévi, *Une nouvelle édition du canon bouddhique* (*Bulletin de la Maison franco-japonaise*, Série française, I, p. 56-57).

effort a porté tout d'abord sur les périodiques étrangers que nous ne pouvons pas nous procurer par voie d'échange. Citons en premier lieu le périodique japonais *Kokka* auquel nous sommes abonnés depuis 1926, puis l'*Ostasiatische Zeitschrift*, les *Acta Orientalia*, *Asia Major*, *Artibus Asiæ*, *Zeitschrift fur Buddhismus*, *Jahrbuch der Asiatischen Kunst*, *Indian Historical Quarterly*, *Rûpam*, *Journal of the Andhra Research Society*, *Year book of Oriental Art*, etc. etc. Nous avons également acquis le luxueux catalogue de la Collection George Eumorfopoulos (5 volumes parus), M. George Eumorfopoulos nous ayant gracieusement offert le volume consacré aux fresques. Mentionnons enfin, parmi nos toutes récentes acquisitions, la réédition du *Toyei Shuko*, catalogue du trésor impérial de Nara en 6 volumes (4 volumes parus). Les acquisitions représentant une dépense annuelle d'environ vingt-cinq mille francs, et le budget de l'Etat ne prévoyant aucun crédit, il importe que notre effort de propagande se poursuive pour maintenir la capacité d'achat de l'admirable instrument de travail qu'est notre bibliothèque.

Ajoutons enfin que la commission du regroupement des périodiques, présidée par M. Alfred

Lacroix, secrétaire perpétuel de l'Académie des Sciences, a adopté les conclusions des sous-commissions chargées de fixer la répartition des fonds orientaux entre les grandes bibliothèques spécialisées, et décidé que les publications d'art et d'archéologie concernant l'Extrême-Orient prendraient place au Musée Guimet. De plus, un arrêté ministériel portant la date du 6 août 1927 a autorisé le transfert, à titre de dépôt au Musée Guimet, d'un certain nombre d'ouvrages.

Ces enrichissements successifs ne manqueront pas d'attirer un plus grand nombre de lecteurs; la salle de lecture, qui est dès maintenant trop exiguë, devra donc être transférée dans la bibliothèque elle-même, transfert rendu d'ailleurs possible par l'installation du chauffage central.

Pour rendre possible ce transfert, il fallait chauffer la bibliothèque, l'éclairer, la munir de tables de lecture et de nouveaux meubles à fiches. Pour ce qui est du premier point, des radiateurs supplémentaires ont été installés par une modification, acceptée par l'Administration des Beaux-Arts, au programme primitif de chauffage central. L'éclairage électrique vient d'être posé, avec lampe centrale, lampes individuelles à chaque table et prise de courant sur les rayons, grâce à une généreuse donation de de Mme la baronne La Caze à qui nous adressons nos plus sincères remerciements. Enfin un fichier plus pratique a été acquis, grâce à un don de M. Osvald Sirén.

Ajoutons enfin que Mlle Chavannes, M. et Mme Combrisson, M. Chavannes ont remis au Musée des publications importantes provenant de la bibliothèque de Mme A. Ed. Chavannes.

SITUATION FINANCIÈRE

CRÉDITS « MATÉRIEL ET PUBLICATIONS »

En 1914.

§ 1. — Chauffage, éclairage	3.000
§ 2. — Habillement des gardiens	1.000
§ 3. — Impressions et publications	10.000
§ 4. — Dépenses diverses, frais de bureau, acquisitions et expositions	2.380
Total	16.380

Crédits auxquels M. Guimet ajoutait de ses propres deniers, pour les publications, des sommes qui variaient annuellement entre 10.000 et 15.000 francs.

Pendant la guerre, les crédits ont subi des compressions nécessitées par les événements; en 1920 ils furent portés à 18.000 francs.

Depuis 1920 le Comité-Conseil, constatant que la modicité de cette dotation compromettait gravement la vie scientifique du Musée, en demanda avec insistance le relèvement.

Les crédits furent portés en 1922, grâce à M. P. Rameil à 22.000 francs, mais ramenés, en 1923 à 20.000, enfin portés en 1925 à 21.000 francs, répartis de la façon suivante :

	1914	1925
	—	—
§ 1. — Chauffage et éclairage	3.000	7.000
§ 2. — Habillement	1.000	3.000
§ 3. — Impressions et publications	10.000	7.000
§ 4. — Dépenses diverses, frais de bureau, etc	2.380	4.000
	16.380	21.000

L'allocation prévue au budget de 1926 ne comportait qu'une livraison de moins de 10 tonnes d'anthracite pour le chauffage du Musée alors que les quantités normales représentent un minimum de 44 tonnes d'anthracite et de 35 tonnes de coke.

Connaissant cette situation, M. Herriot, ministre de l'Instruction Publique et des Beaux-Arts, qui avait tenu à se rendre compte sur place des besoins du Musée, a lui-même et d'office, inscrit au projet de 1927 pour le chapitre 54, une somme de 31.000 francs, soit une augmentation de 10.000 francs. Lorsque ce chiffre est venu en discussion devant la Commission des Finances, M. Jean Locquin, député, a obtenu de l'extrême bienveillance du ministre, un relèvement de 9.000 francs, portant le crédit de matériel à 40.000 francs, ce qui permettra au prix d'adjudication annuel l'achat de l'anthracite et du coke nécessaires. Ces dispositions, votées par la Chambre, furent ratifiées par le Sénat grâce à l'appui bienveillant de MM. Paul Doumer, Chastenet et Milliès-Lacroix. Par le don de 12 tonnes d'anthracite, M. Ch. Vignier nous a permis d'atteindre l'exercice 1927, c'est-à-dire la mise en vigueur des dispositions nouvelles.

Les crédits alloués au Musée pour l'exercice 1927 se répartissent de la façon suivante :

Chauffage, éclairage	23.000
Habillement des gardiens	3.500
Impressions et Publications	7.000
Frais divers	6.500
	40.000

Le rattachement du Musée Guimet à la réunion des Musées Nationaux (décret du 2 octobre 1926) nous fait bénéficier grâce à la bienveillance de M. Henri Verne, directeur des Musées Nationaux, de deux ordres de ressources supplémentaires.

a) Allocation à la Bibliothèque	2.400
b) Achats d'objets d'art	9.000

Il convient en outre d'ajouter à ces ressources celles qui proviennent de la perception du droit d'entrée, s'élevant en moyenne à 10.000 francs par an. Ces sommes sont affectées, partie à des achats d'objets d'art et nous ont permis d'acquérir la belle collection de sculptures gréco-bouddhiques dont nous avons eu l'occasion de parler, partie à des acquisitions de livres. C'est sur ce fonds que nous avons pu nous procurer le magnifique catalogue de la Collection Eumorfopoulos (à l'exception du Catalogue des fresques, généreusement offert par M. George Eumorfopoulos lui-même).

Comme on peut s'en rendre compte, notre situation s'est sensiblement améliorée.

Le Musée dispose actuellement, grâce aux interventions efficaces de ses amis, grâce au concours du gouvernement, de moyens financiers qui lui permettront de nouveau d'être un bon instrument de travail.

La place que tient la France en Asie exige que les études orientales aient à Paris un centre actif et informé; il importe donc, non seulement de conserver le bénéfice des résultats acquis, mais d'envisager des améliorations nouvelles.

ARCHIVES PHOTOGRAPHIQUES

Les collections du Musée Guimet, on l'a vu, se doublent d'importantes « Archives Photographiques », complément indispensable des œuvres exposées. Ces archives, dont l'idée première revient à M. Victor Goloubew, ont été organisées par M. Philippe Stern, attaché au Musée Guimet, Conservateur du Musée Indochinois du Trocadéro, par Mlle Linossier, Mme Tissot-Mati et Mme Esther Lévi, également attachées au Musée. Elles ont été successivement enrichies par des dons et aussi par des dépôts de séries archéologiques dont on ne saurait exagérer l'importance : dépôt des clichés de M. Goloubew sur Ajantâ, Elephanta, Ellora, Amarâvatî, la sculpture chame, etc.; dépôt des clichés de l'Ecole Française d'Extrême-Orient sur l'art khmèr et l'art cham; dépôt des clichés de la mission Pelliot, de la Mission Chavannes et de la Mission Lartigue-Segalen; dépôt, par le colonel Clément-

Carpeaux, des clichés de la Mission Charles Carpeaux au Cambodge, dépôt des clichés de la Mission Foucher-Godard-Hackin en Afghanistan, etc. Un classement à la fois scientifique et pratique créé et poursuivi par M. Stern, par Mlle Linossier et par Mme Esther Lévi, fait de cet ensemble un instrument de travail de premier ordre.

Des Archives Photographiques dépend au second étage, sur l'Avenue d'Iéna, un laboratoire, nécessaire au fonctionnement du Service, mais qui occupe une pièce destinée, par sa situation même, à servir de cabinet pour un conservateur. Or, nous avons vu plus haut les liens étroits établis entre le Musée Guimet et le Musée Indochinois du Trocadéro, liens dont témoigne le transfert au Musée Guimet, des originaux indochinois du Trocadéro. Dans ces conditions il devient indispensable d'aménager la pièce du deuxième étage, virtuellement disponible, en cabinet de travail pour le Conservateur du Musée Indochinois; un nouveau laboratoire pour les Archives Photographiques sera créé dans les sous-sols.

Achèvement du chauffage central

Le crédit ouvert en 1924 par l'Administration des Beaux-Arts pour l'établissement du chauffage central du Musée, comportait, sans parler des travaux accessoires, une dépense de 129.460 fr., qui devait assurer le chauffage complet de toutes les salles, avec une moyenne de 15°. Le travail devait être réparti en 4 annuités.

1re annuité	(1925)	51.000 fr.
2e —	(1926)	18.200 —
3e —	(1927)	43.780 —
4e —	(1928)	16.480 —

Par suite de la hausse des matériaux et de la main-d'œuvre, le crédit de 129.460 francs prévu en 1924, s'est, dès 1925, révélé insuffisant de 50.000 francs environ (travaux accessoires non compris).

La Direction du Musée ne pouvant de si tôt demander aux Beaux-Arts un supplément de crédits, on a dû procéder à un nouvel aménagement des 129.460 francs alloués, en ajournant le chauffage de certaines salles et en faisant porter l'effort principal sur les salles de travail, la bibliothèque, et les collections particulièrement précieuses (Salles Pelliot et Bacot, Galeries khmères, Salle d'Afghanistan, etc.). C'est ainsi qu'on a pu assurer aux salles de travail une température de 15° à 18°, tandis que certaines salles d'un intérêt moindre n'auront, provisoirement, qu'une température moyenne de 7° par 5. Les radiateurs restent donc en nombre incomplet mais, pour ménager l'avenir, tout a été disposé de manière à pouvoir en ajouter ultérieurement d'autres, si un crédit des Beaux-Arts ou une donation particulière vient à le permettre.

Salle de Conférences. Salle d'Exposition. Réserves

L'équipement de la Salle de Conférences a été complété grâce à l'installation, en 1925, de 200 fauteuils, donnés par le ministère de l'Instruction Publique et des Beaux-Arts, et à l'achat, en 1927, d'un appareil cinématographique, acquis par l'Association Française des Amis de l'Orient.

Vis-à-vis de la Salle des Conférences, à droite, au fond du jardin, se trouve une galerie vaste et claire qui sert de réserve. Or le Musée aurait besoin d'une salle d'exposition permettant d'abriter les objets d'art temporairement prêtés par les collectionneurs ou par les autres Musées français ou étrangers. Il serait facile d'aménager à cette fin la galerie actuellement disponible, qui, par sa situation sur le jardin, son accès indépendant, sa proximité de la salle de conférences, remplit toutes les conditions désirables. Une telle création rendrait les plus grands services aux archéologues et aux amateurs d'art, souvent obligés de louer à grands frais, pour leurs manifestations, des locaux moins bien situés. Elle ferait du Musée, plus encore que par le passé, un centre vivant d'art oriental. Enfin dans l'intervalle des expositions, la pièce, étant indépendante et à rez-de-chaussée, servirait pour les réunions des Amis du Musée Guimet, des Amis de l'Orient et des étudiants orientaux qui, plus que dans les autres salles, s'y sentiraient chez eux. Mais la dépense à prévoir pour un équipement convenable, — éclairage, peinture, socles, vitrines, banquettes ou fauteuils, — excéderait 100.000 francs. Le Musée Guimet fait un pressant appel à la générosité de ses amis et des amis de l'Orientalisme...

Pour libérer la future salle d'exposition, les

objets de moindre valeur qui y avaient été remisés, sont progressivement descendus dans les sous-sols où, grâce à la générosité d'un donateur et au Service des Bâtiments civils, on est en train de créer des rayonnages de réserve. Cette nouvelle réserve est aménagée dans une galerie spacieuse et suffisamment éclairée où les objets, conformément aux pratiques des Musées Américains, seront classés méthodiquement pour rester toujours à la disposition des travailleurs.

Dans la cour, le moulage de la porte orientale du stûpa de Sâñchî [1], qui, pour tant de Parisiens, faisait partie de la physionomie du Musée, menaçait ruine et a malheureusement dû être déposé. Cette dépose a été effectuée avec le plus grand soin, pièce par pièce. Les diverses parties du monument, fidèlement classées, ont été mises à l'abri, et l'ensemble, remonté sur une armature plus solide, pourrait venir de nouveau éclairer notre cour, le jour où quelque ami de l'art indien mettrait à notre disposition les quelques 20.000 francs nécessaires...

Une autre opération, d'un ordre différent, est la remise en état des collections d'Antinoé. Les

1. Cf. Foucher, *La porte orientale du Stûpa de Sâñchi*, Bibl. de Vulg. t. XXXIV.

tissus coptes provenant de la Mission Gayet auraient besoin, pour la plupart, d'un traitement de nettoyage et de consolidation. La générosité de M. R. Pfister, ami éclairé du Musée et spécialiste de l'art copte, a permis de commencer ce travail avec le concours de M. Auclair, le distingué chef de service de la Manufacture des Gobelins. Grâce à M. Pfister, la section copte du Musée revit désormais d'une vie nouvelle.

UNION DES MUSÉES

Le rattachement complet du Musée Guimet à la Direction des Musées Nationaux vient d'être opéré par décret du 14 octobre 1927. Mesure heureuse qui, — sans diminuer en rien l'autonomie scientifique du Musée, sans restreindre aucune des prérogatives du Comité-Conseil ni contrevenir aux volontés et aux dispositions testamentaires du donateur-fondateur, — établit une collaboration plus intime entre la section d'Extrême-Orient du Louvre et le Musée Guimet.

Toutefois, pour que cette union étroite entre les Musées orientalistes soit complète, il importe d'y comprendre aussi le Musée Indochinois du Trocadéro. On a vu tout ce que le Musée Guimet doit à l'amicale obligeance du Conservateur du Musée Indochinois, M. Philippe Stern. Actuellement le meilleur du Musée Indochinois, — les magnifiques originaux khmèrs de la Collection

Delaporte, — a été transporté au Musée Guimet. Il y a lieu d'espérer qu'un nouvel aménagement budgétaire permettra de sanctionner en droit cette union de fait en transférant au Musée Guimet le poste même du Conservateur du Musée Indochinois.

R. GROUSSET J. HACKIN

Paris, décembre 1927.

APPENDICES

APPENDICE I

LISTE DES CONFÉRENCES DU MUSÉE GUIMET 1920-1928

1920

Dimanche 18 janvier, à 14 h. 30. M. A. MORET, Conservateur du Musée Guimet, Professeur à l'École des Hautes-Études : L'œuvre d'Émile Guimet, fondateur du Musée des Religions.

Dimanche 25 janvier, à 14 h. 30, M. A. MORET, Conservateur du Musée Guimet, Professeur à l'École des Hautes-Études : Le Temple égyptien, *avec projections.*

Dimanche 1er février, à 14 h. 30. M. Ch. FOSSEY, Professeur au Collège de France et à l'École des Hautes-Études : Le Temple babylonien, *avec projections.*

Dimanche 8 février, à 14 h. 30. M. R. DUSSAUD, Conservateur-Adjoint au Musée du Louvre,

Directeur de la *Revue d'Histoire des Religions* : Le Temple de Jérusalem, *avec projections.*

Dimanche 15 février, à 14 h. 30. M. Th. Homolle, Membre de l'Institut, Administrateur général de la Bibliothèque nationale : Le Temple grec, *avec projections.*

Dimanche 22 février, à 14 h. 30. M. G. Millet, Professeur à l'École des Hautes-Études : L'iconographie byzantine, *avec projections.*

Dimanche 29 février, à 14 h. 30. M. Goloubew, Membre du Comité-Conseil du Musée Guimet : Les rochers sculptés de Mahavellipour, *avec projections.*

Dimanche 7 mars, à 14 h. 30. Mlle D. Menant : Le Temple zoroastrien, *avec projections.*

Dimanche 14 mars, à 14 h. 30. M. S. Lévi, Professeur au Collège de France et à l'Université de Strasbourg : Le Temple dans l'Inde, *avec projections.*

Dimanche 21 mars, à 14 h. 30. M. H. Cordier, Membre de l'Institut, Professeur à l'École des Langues orientales : Temples et dieux de la Chine.

Dimanche 28 mars, à 14 h. 30. M. P. Pelliot, Professeur au Collège de France : La religion primitive des Mongols.

Conférences de vulgarisation sur l'iconographie bouddhique

Par M. J. Hackin, Conservateur-adjoint du Musée Guimet.

Jeudi 4 mars, à 14 h. 40. Introduction : Les images et les textes.
Jeudi 11 mars, à 14 h. 30. Les vies du Bouddha : Inde et Tibet.
Jeudi 18 mars, à 14 h. 30. Les vies du Bouddha : Tibet, Asie centrale, Chine.
Jeudi 25 mars, à 14 h. 30. Les Bouddhas et les Bodhisattvas, *avec projections.*

1921

Dimanche 16 janvier, à 14 h. 30. M. A. Moret, L'iconographie religieuse en Egypte.
Dimanche 23 janvier, à 14 h. 30. M. P. Perdrizet, L'iconographie gréco-égyptienne.
Dimanche 30 janvier, à 14 h. 30. M. Fougères, L'iconographie grecque.
Dimanche 6 février, à 14 h. 30. M. Carcopino, L'iconographie des cultes orientaux sous l'empire romain.

Dimanche 13 février, à 14 h. 30. M. ALPHANDÉRY, La représentation des païens et des hérétiques dans l'iconographie du Moyen-âge.

Dimanche 20 février, à 14 h. 30. M. KALIDAS NAG, L'iconographie indienne.

Dimanche 27 février, à 14 h. 30. M. J. HACKIN, L'iconographie tibétaine.

Dimanche 6 mars, à 14 h. 30. M. GRANET, Études de mythologie chinoise.

Dimanche 13 mars, à 14 h. 30. M. MARCHAL, Conservateur du Groupe d'Angkor, L'iconographie khmère.

Dimanche 20 mars, à 14 h. 30. M. MAITRE, L'iconographie japonaise.

1922

Les Conférences ont porté sur le « tombeau » dans l'antiquité orientale, avec le concours de MM. DUSSAUD, HOMOLLE, TOUTAIN, GOLOUBEW, PELLIOT, MASPERO, MORET, qui ont traité le thème pour la Syrie, la Grèce, Rome et la Gaule, l'Inde, la Chine, le Tonkin, Mlle MENANT qui devait parler du tombeau en Perse, n'a pu faire sa conférence pour raison de santé. En outre MM. Masson-Oursel, Hackin, Elisseev ont traité du théisme indien, de la peinture japonaise au XIIIe siècle et de l'iconographie bouddhique de l'Asie Centrale.

1923

Dimanche 14 janvier, à 14 h. 30. M. V. Goloubew, Membre de l'École Française d'Extrême-Orient : Les origines de l'art indochinois, *avec projections.*

Dimanche 21 janvier, à 14 h. 30. M. A. Moret Conservateur du Musée Guimet, Professeur à l'École des Hautes-Études : Le culte des ancêtres et du foyer en Egypte, *avec projections.*

Dimanche 28 janvier, à 14 h. 30. M. G. Fougères, Membre de l'Institut, Professeur à la Faculté des Lettres : Le culte des ancêtres et du foyer en Grèce, *avec projections.*

Dimanche 4 février, à 14 h. 30. M. M. Granet, Professeur à la Faculté des Lettres et à l'École des Hautes-Études : Le culte des ancêtres et du foyer en Chine.

Dimanche 11 février, à 14 h. 30. M. le Dr G. Con-

TENAU, Attaché aux Musées du Louvre : L'art hittite, *avec projections.*

Dimanche 18 février, à 14 h. 30. M. Paul ALPHANDERY, Professeur à l'École des Hautes-Études, Directeur de la *Revue de l'Histoire des Religions* : Le culte des ancêtres dans la tradition littéraire au Moyen-âge.

Dimanche 25 février, à 14 h. 30. Sous les auspices de la Société des fouilles archéologiques. M. J. TOUTAIN, Professeur à l'École des Hautes-Études, Secrétaire général de la Société : La prétendue énigme d'Alésia, *avec projections.*

Dimanche 4 mars à 14 h. 30. M. J. HACKIN, Conservateur-Adjoint du Musée Guimet, L'art bouddhique de l'Insulinde, *avec projections.*

Dimanche 11 mars, à 14 h. 30. M. ELISSEEV, Chargé de cours à l'Université de Pétrograd: La peinture de l'École des Lettrés au Japon, *avec projections.*

Dimanche 18 mars, à 14 h. 30. M. R. CAGNAT, Secrétaire perpétuel de l'Académie des Inscriptions et Belles-Lettres, Professeur au Collège de France : Le culte des ancêtres et du foyer à Rome, *avec projections.*

Dimanche 25 mars, à 14 h. 30. M. PRZYLUSKI, Professeur suppléant au Collège de France : L'art tcham, *avec projections.*

1924

Dimanche 13 janvier, à 14 h. 30. M. J. HACKIN, Conservateur du Musée Guimet : L'art indien au Tibet et en Asie Centrale, *avec projections.*

Dimanche 20 janvier, à 14 h. 30. M. R. DUSSAUD, Membre de l'Institut, Directeur de la *Revue de l'Histoire des Religions* : Les grands sanctuaires syriens (Hierapolis, Baalbek, Damas), *avec projections.*

Dimanche 27 janvier, à 14 h. 30. M. A. VAN GENNEP, Vice-Président de la Société française d'Ethnographie : Symboles magiques des Indiens de l'Amérique du Nord, *avec projections.*

Dimanche 3 février, à 14 h. 30. M. Ph. STERN, Attaché au Musée Guimet : La musique hindoue et la conception des râgas, *avec exemples musicaux.*

Dimanche 10 février, à 14 h. 30. Sous les auspices de la Société française des fouilles archéologiques, M. AUDOLLENT, Professeur à la Faculté des Lettres de l'Université de Clermont-Ferrand : Une bourgade gallo-romaine des Arvernes au IIe siècle : les Martres-de-Veyre, *avec projections.*

Dimanche 11 février, à 14 h. 30. M. J. TOUTAIN, Professeur à l'École des Hautes-Études, Secrétaire général de la Société des fouilles archéologiques : Le culte des eaux (sources, fleuves, lacs, etc.), dans la Grèce antique, *avec projections.*

Dimanche 24 février, à 14 h. 30. M. Cl. E. MAITRE, Conservateur-Adjoint du Musée Guimet : L'architecture japonaise, *avec projections.*

Dimanche 2 mars, à 14 h. 30. M. A. MORET, Directeur honoraire du Musée Guimet, Professeur au Collège de France : La révolution religieuse en Egypte au temple d'Amenophis IV et la contre-réforme de Toutankhamon, *avec projections.*

Dimanche 9 mars, à 14 h. 30. M. H. MASPERO, Professeur au Collège de France : La peinture chinoise, *avec projections.*

Dimanche 16 mars, à 14 h. 30. M. S. ELISSEEV, Ancien chargé de cours à l'Université de

Petrograd : La peinture de paysage au Japon sous les Ashikaga, *avec projections.*

Dimanche 23 mars, à 14 h. 30. M. S. Lévi, Professeur au Collège de France : Le Bouddhisme dans l'Asie actuelle.

1925

Dimanche 18 janvier, à 14 h. 30. M. A. Moret, Directeur honoraire du Musée Guimet, Professeur au Collège de France : Comment les Egyptiens se représentaient l'âme immortelle, *avec projections.*

Dimanche 25 janvier, à 14 h. 30. M. J. Carcopino, Professeur à la Faculté des Lettres de l'Université de Paris : Les récentes fouilles de Rome et l'histoire des religions, *avec projections.*

Dimanche 1er février, à 14 h. 30. M. P. Alphandery, Directeur de la *Revue d'Histoire des Religions*, Professeur à l'École Pratique des Hautes-Études : Images de prophètes dans l'art et la littérature du Moyen âge latin, (viie à xive siècle), *avec projections.*

Dimanche 8 février, à 14 h. 30. M. G. Millet, Professeur à l'École Pratique des Hautes-

Études : La peinture religieuse des XIIIe et XIVe siècles dans les Balkans, *avec projections.*

Dimanche 15 février, à 14 h. 30. M. GRANET, Professeur à la Faculté des Lettres et à l'École Pratique des Hautes-Études : Les sacrifices humains dans la Chine antique.

Dimanche 22 février, à 14 h. 30. M. H. GOURDON, Inspecteur général de l'Instruction Publique de l'Indochine : Les arts indigènes en Indochine, *avec projections.*

Dimanche 1er mars, à 14 h. 30. Sous les auspices de la Société française des fouilles archéologiques. M. DU MESNIL DU BUISSON, chargé de mission en Syrie : Recherches archéologiques à Beyrouth et dans la région; la légende de Saint Georges, *avec projections.*

Dimanche 8 mars, à 14 h. 30. M. P. PELLIOT, Membre de l'Institut, Professeur au Collège de France : L'iconographie bouddhique en Asie Centrale et en Chine, *avec projections.*

Dimanche 15 mars, à 14 h. 30. M. A. GODARD, Architecte diplômé par le gouvernement, Membre de la Mission archéologique française en Afghanistan : Une récente découverte de la mission française en Afghanistan: Bâmyân, *avec projections.*

Dimanche 22 mars, à 14 h. 30. M. S. Elisseev, Ancien chargé de cours à l'Université de Pétrograd : La peinture japonaise de l'École de Kano (xvie-xixe siècle), *avec projections.*

Dimanche 29 mars, à 14 h. 30. M. Sylvain Lévi, Professeur au Collège de France et à l'École Pratique des Hautes-Études : Paradis et enfers de l'Inde, *avec projections.*

1926

Dimanche 17 janvier, à 14 h. 30. M. A. Moret, Professeur au Collège de France, Directeur honoraire du Musée Guimet : Sépultures et momies royales en Egypte, *avec projections.*

Dimanche 24 janvier, à 14 h. 30. M. L. Delaporte, Professeur à l'Institut Catholique : Le temple Sumérien, *avec projections.*

Dimanche 31 janvier, à 14 h. 30. M. R. Dussaud, Membre de l'Institut, Directeur de la *Revue de l'Histoire des Religions* : Le temple en Phénicie, *avec projections.*

Dimanche 7 février, à 14 h. 30. M. H. Toutain, Directeur à l'École des Hautes-Etudes,

Secrétaire général de la Société française des fouilles archéologiques : Apollon fut-il chez les Grecs un dieu solaire?

Dimanche 14 février, à 14 h. 30. M. C. Enlart, Membre de l'Institut, Directeur du Musée de sculpture comparée au Trocadéro : Le royaume de Jérusalem et ses monuments, *avec projections.*

Dimanche 14 février, à 14 h. 30. Sous les auspices de la Société française des fouilles archéologiques, M. Rey, Directeur de la Mission archéologique en Albanie : L'Albanie au temps de la civilisation grecque et sous la domination vénitienne, *avec projections.*

Dimanche 28 février, à 14 h. 30. M. S. Elisseev, Ancien chargé de cours à l'Université de Petrograd : Le portrait dans la peinture d'Extrême-Orient, *avec projections.*

Dimanche 7 mars, à 14 h. 30. M. H. Maspero, Professeur au Collège de France : La religion actuelle des Chinois.

Dimanche 14 mars, à 14 h. 30. M. M. Granet, Professeur à la Faculté des Lettres de l'Université de Paris : Tambours et drapeaux, leur rôle dans la mythologie et les rites chinois, *avec projections.*

Dimanche 21 mars, à 14 h. 30. M. P. MASSON-OURSEL, Chargé de Conférences à la Faculté des Lettres de l'Université de Paris : Les équivalents indiens de l'extase plotinienne.

Dimanche 28 mars, à 14 h. 30. Mme Alexandra DAVID-NEEL, Chargée de Mission du ministère de l'Instruction Publique : La religion des Lettrés et la religion populaire au Tibet, *avec projections.*

1927

Dimanche 16 janvier, à 14 h. 30. M. A. MORET, Membre de l'Institut, Directeur honoraire du Musée Guimet, Professeur au Collège de France : Rites populaires du culte d'Osiris, dieu du Nil et de la végétation, *avec projections.*

Dimanche 23 janvier, à 14 h. 30. M. le Dr CONTENAU, Attaché aux Musées nationaux, Chargé de Missions du ministère de l'Instruction Publique : L'art et la religion des Hittites, *avec projections.*

Dimanche 30 janvier, à 14 h. 30. M. A. VON LE COQ, Professeur et Directeur au Museum für Völkerkunde de Berlin : Les influences orientales dans l'art et la culture du Moyen-âge européen, *avec projections.*

Dimanche 6 février, à 14 h. 30. M. J. Przyluski, Professeur à l'École nationale des Langues orientales vivantes : Totem animaux et végétaux dans l'Asie tropicale, *avec projections.*

Dimanche 13 février, à 14 h. 30. M. H. Marchal, Conservateur du Groupe d'Angkor : Les récents travaux archéologiques de l'École française d'Extrême-Orient, *avec projections.*

Dimanche 20 février, à 14 h. 30. M. P. Pelliot, Membre de l'Institut, Professeur au Collège de France : L'art européen en Chine aux xviie et xviiie siècles, *avec projections.*

Dimanche 27 février, à 14 h. 30. M. L. Massignon, Professeur au Collège de France. Un essai de réconciliation islamo-hindoue au xviie siècle : l'humanisme mystique du prince Dara Shikouh.

Dimanche 6 mars, à 14 h. 30. M. S. Elisseev, Ancien chargé de cours à l'Université de Petrograd : Les traits essentiels de l'architecture japonaise, *avec projections.*

Dimanche 13 mars, à 14 h. 30. M. P. Alphandery, Directeur à l'École des Hautes-Études, Directeur de la *Revue de l'Histoire des Religions* : Le Satan du Livre de Job dans le Moyen-Age latin, *avec projections.*

Dimanche 20 mars, à 14 h. 30. M. A. Foucher, Chef de la Délégation archéologique française en Afghanistan, Professeur à la Faculté des Lettres de l'Université de Paris : Les travaux de la délégation française en Afghanistan, *avec projections.*

1928

Dimanche 15 janvier, à 14 h. 30. M. G. Salles, Conservateur-Adjoint des Musées Nationaux, Professeur à l'Ecole du Louvre : Documents nouveaux sur les rapports entre la Chine et l'Orient musulman, *avec projections.*

Dimanche 22 janvier, à 14 h. 30. M. le Dr G. Contenau, Conservateur-Adjoint des Musées Nationaux, Professeur à l'Ecole du Louvre : L'exorcisme chez les Assyro Babyloniens, *avec projections.*

Dimanche 29 janvier, à 14 h. 30. M. A. Moret, Membre de l'Institut, Directeur honoraire du Musée Guimet, Professeur au Collège de France : Le culte du soleil en Egypte, *avec projections.*

Dimanche 5 février, à 14 h. 30. M. S. Eliséèv, Ancien chargé de cours à l'Université de Petrograd : Les influence occidentales dans la peinture japonaise, *avec projections.*

Dimanche 12 février, à 14 h. 30. M. R. Dussaud, Membre de l'Institut, Conservateur-Adjoint des Musées Nationaux, Professeur à l'Ecole du Louvre : La vigne et le vin dans les anciens culte syriens, *avec projections.*

Dimanche 19 février, à 14 h. 30. M. J. Toutain, Directeur à l'École des Hautes-Études, Secrétaire général de la Société française des Fouilles Archéologiques : Artémis fut-elle chez les Grecs une déesse lunaire? *avec projections.*

Dimanche 26 février, à 14 h. 30. M. M. Granet, Professeur à l'École Nationale des Langues Orientales Vivantes : La danse en spirale et les fêtes du Tonnerre dans la Chine ancienne, *avec projections.*

Dimanche 4 mars, à 14 h. 30. M. H. MASPERO, Professeur au Collège de France : D'Avalokiteçvara à Kouan-yin : Étude de la religion populaire chinoise, *avec projections.*

Dimanche 11 mars, à 14 h. 30. (Sous les auspices de la Société française des Fouilles Archéologiques). M. LIZOP, Professeur au Lycée de Tarbes : Les fouilles de Saint-Bertrand de Comminges, *avec projections.*

Dimanche 18 mars, à 14 h. 30. (Sous les auspices de la Société des Amis du Musée Guimet). M. L. DE LA VALLÉE POUSSIN, Professeur à l'Université de Gand : Les trois ou quatre corps du Bouddha.

Dimanche 25 mars, à 14 h. 30. M. L. DELAPORTE, Professeur à l'Institut Catholique : La religion et la glyptique en Elam, *avec projections.*

Dimanche 1er avril, à 14 h. 30. M. le Dr UNVALA, Les usages religieux et sociaux des Parsis, *avec projections.*

APPENDICE II

LE MINISTRE DE L'INSTRUCTION PUBLIQUE ET DES BEAUX-ARTS,

Sur la proposition du Directeur des Beaux-Arts,

ARRÊTE :

Article Ier. — Il est institué au Musée Guimet un Comité-Conseil appelé à donner son avis sur toutes les questions d'ordre scientifique intéressant l'établissement et qui lui seront soumises par l'Administration supérieure, la Conservation ou ses membres.

Article II. —M. Jean GUIMET, Directeur honoraire du Musée, est, de droit, président du Comité-Conseil dont il assure la convocation.

Article III. — Le Comité comporte trois membres, amis de la famille Guimet, désignés par M. Jean Guimet et des membres choisis parmi les représentants de la Science des Religions, des Arts, du Parlement et nommés par arrêté ministériel sur la présentation du Comité-Conseil. Le Chef du Bureau des Musées au Ministère de l'Instruction Publique et des Beaux-Arts, le Conservateur et le Conservateur-adjoint du Musée Guimet sont membres de droit du Comité-Conseil.

Article IV. — Au mois de novembre de chaque année, le Comité-Conseil est convoqué pour arrêter le programme des conférences et des publications de l'année suivante et pour prendre connaissance du rapport présenté par le Conservateur sur les travaux, la vie scientifique, les acquisitions (galeries et bibliothèque) du Musée, pendant l'année en cours.

Procès-verbal de la séance est transmis au Ministre.

Article V. — En cas de vacance d'emploi de Conservateur ou de Conservateur-adjoint du Musée, une Commission composée mi-partie de représentants de l'Administration des Beaux-Arts, mi-partie de représentants du Comité Conseil, et nommée par arrêté ministériel, est appelée à donner son avis sur les titres des candidats.

Fait à Paris le 22 novembre 1919.

Signé : LAFFERRE.

LISTE DES MEMBRES DU COMITÉ-CONSEIL DU MUSÉE GUIMET

M. E. SENART, Membre de l'Institut, Président.

Mme JEAN GUIMET.

MM. ALPHANDERY, Professeur à l'École des Hautes-Études.

BACOT, chargé de Conférences à l'Ecole des Hautes-Etudes.

BONIN, Ministre Plénipotentiaire.

CAGNAT, secrétaire perpétuel de l'Académie des Inscriptions et Belles-Lettres.

DUSSAUD, Membre de l'Institut, Conservateur au Musée du Louvre.

FINOT, Professeur au Collège de France.

FOUCHER, Professeur à la Sorbonne.

Le Général FREY.

GARNIER, Résident Supérieur, Ancien Directeur de l'Agence économique de l'Indochine.

Dr GIESELER, Amateur d'art, Médecin principal des Chemins de Fer du Nord.

GOLOUBEW, Membre de l'École Française d'Extrême-Orient.

GROUSSET, Conservateur-adjoint du Musée Guimet.

HACKIN, Conservateur du Musée Guimet.

HERRIOT, Ancien Président du Conseil, Ministre de l'Instruction Publique et des Beaux-Arts.

KOECHLIN, Président du Conseil des Musées Nationaux.

Marquis de LAFONT.

SYLVAIN LÉVI, Professeur au Collège de France.

MARQUET DE VASSELOT, Conservateur au Louvre.

MIGEON, Directeur honoraire des Musées nationaux.

MORET, Membre de l'Institut, Professeur au Collège de France, Directeur honoraire du Musée Guimet.

MOULLÉ, sous-directeur à la Direction des Beaux-Arts.

PELLIOT, Membre de l'Institut, Professeur au Collège de France.

COMTE R. PHILIPON, Amateur d'art.

Pottier, Membre de l'Institut, Conservateur honoraire au Musée du Louvre.

Sanlaville (G.).

Sarraut (Albert), Ancien Gouverneur général de l'Indochine, ministre de l'Intérieur.

De Saint-Victor.

Tirman, Conseiller d'État

Villard (P.).

Vissière, Ministre plénipotentiaire.

APPENDICE III

LISTE DES MEMBRES BIENFAITEURS DE L'ASSOCIATION DES AMIS DU MUSÉE GUIMET

Mme MARTHE HYDE.

MISS MAXWELL.

MM. L. CARTIER.

Le Professeur LECÈNE.

R. PFISTER.

Comte RENÉ PHILIPON.

Comte CHARLES DE POLIGNAC.

Mme SEUX.

DAVID WEILL.

APPENDICE IV

LISTE DES PUBLICATIONS DU MUSÉE GUIMET

ANNALES DU MUSÉE GUIMET

GRANDE BIBLIOTHÈQUE

Série in-4°.

Editions Ernest Leroux, 28, Rue Bonaparte (VIe)

I. **Mélanges.** In-4°, 8 planches hors texte. 60 fr.

E. Guimet. Rapport sur sa mission scientifique en Extrême-Orient. — Le Mandara de Koô-boô Daï-shi dans le temple de To-ô-dji à Kioto. — Hignard. Le Mythe de Vénus. — Chabas. De l'usage des bâtons de main chez les anciens Egyptiens et chez les Hébreux. — Ed. Naville. Ostracon égyptien du Musée Guimet. — E. Lefébure. Les races connues des Egyptiens. — Garcin de Tassy. Tableau du Kâli-Youg ou Age de fer. — P. Regnaud. La Métrique de Bhârata. — Le Pessimisme brâhmanique. — C. Alwyss.

Visites des Bouddhas à Lankâ (Ceylan). — J. Dupuis. Voyage au Yun-nan. — Eitel. Le Feng-shoui ou Principes de science naturelle en Chine. — Philastre. Exégèse chinoise. — Shidda. Explication des anciens caractères sanscrits. Traduit du japonais. — Conférences entre la secte Sïn-Siou et la mission scientifique française.

II. **Mélanges.** In-4°. 60 fr.

Max Muller. Anciens textes sanscrits découverts au Japon. — Ymaizoumi. O-mi-to-King, ou Soukhavâti-vyûha-Soûtra, texte vieux-sanscrit traduit d'après la version chinoise de Koumârajiva — P. Regnaud. La Métrique de Bhârata, texte sanscrit, suivi d'une interprétation française. — Léon Feer. Analyse du Kandjour et du Tandjour, recueils des livres sacrés du Tibet, par Csoma de Kôrôs.

III. **Le Bouddhisme au Tibet**, par Em. de Schlagintweit, traduit de l'anglais par L. de Milloué. In-4°, 40 planches hors texte. 150 fr.

IV. **Mélanges.** In-4°, 11 planches hors texte. 60 fr.

E. Lefébure. Le puits de Deïr-el-Bahari. — F. Chabas. Table à libations du Musée Guimet. — Dr Al. Colson. Sur un Hercule phallophore, dieu de la génération. — P. Regnaud. Le Pancha-Tantra, son origine, sa rédaction, son expansion. — Rev. J. Edkins. La religion en Chine. Exposé des trois religions des Chinois.

V. **Fragments du Kandjour**, traduits du tibétain, par L. FEER. In-4°. 80 fr.

VI. **Le Lalita-Vistara**, ou Développement des jeux, contenant l'histoire du Bouddha Çâkia-mouni, depuis sa naissance jusqu'à sa prédication. Traduction française, par PH.-ED. FOUCAUX, professeur au Collège de France. In-4°, planches. *Epuisé.*

VII. **Mélanges.** In-4°, 6 planches hors texte. 80 fr.

A. BOURQUIN. Brâhmakarma ou rites sacrés des Brâhmanes, traduit du sanscrit. — Dharmasindhu, ou Océan des rites religieux, par le prêtre Kâshinâtha, traduit du sanscrit. — SÉNATHI-RAJA. Remarques sur la secte çivaïte de l'Inde méridionale. — A. LOCARD. Les coquilles sacrées dans les religions indoues. — COOMARA-SWAMY. Dâthâvança, histoire de la Dent-Relique du Bouddha Gautama, poème épique du Dhamma-Kitti. — GERSON DA CUNHA. Mémoire sur l'histoire de la Dent-Relique de Ceylan, précédé d'un essai sur la vie et la religion de Gautama Buddha. — P. REGNAUD. Etudes phonétiques et morphologiques dans le domaine des langues indo-européennes.

VIII. **Le Yi-King**, ou Livre des Changements de la dynastie des Tscheou, traduit du chinois, avec les commentaires de Tscheng-Tsé et de Tschou-hi et des extraits des principaux commentateurs par P.-L.-F. PHILASTRE. Première partie. In-4°. *Epuisé.*

IX. **Les hypogées royaux de Thèbes**, par E. LEFÉBURE. Première division : Le tombeau de Séti Ier, publié *in extenso* avec le concours de MM. U. BOURIANT, V. LORET et ED. NAVILLE. In-4°. 130 planches hors texte. 200 fr.

X. **Mélanges.** In-4°, illustré de dessins et de 24 planches. 120 fr.

MÉMOIRES RELATIFS AUX RELIGIONS ET AUX MONUMENTS ANCIENS DE L'AMÉRIQUE. La stèle de Palenqué, par CH. RAU. — Idoles de l'Amazone, par J. VERISSIMO. — Sculptures de Santa-Lucia Cosumalwhuapa (Guatémala), par S. HABEL. — Les pierres sculptées du Guatémala (Musée de Berlin), par A. BASTIAN.

MÉMOIRES DIVERS. — Le Shinthoïsme, sa mythologie, sa morale, par M. A. TOMII. — Les Idées philosophiques et religieuses des Jainas, par S.-J. WARREN. — Le Mythe de Vrishabha, par L. DE MILLOUÉ. — Le Dialogue de çuka et de Rhamba, par J. GRANDJEAN. — La Question des aspirées en sanscrit et en grec, par P. REGNAUD. — Deux inscriptions phéniciennes inédites, par C. CLERMONT-GANNEAU. — Le Galet d'Antibes, offrande phallique à Aphrodite, par H. BAZIN.

MÉMOIRES D'ÉGYPTOLOGIE. — La tombe d'un ancien Egyptien, par V. LORET. — Les quatre races dans le ciel inférieur des Egyptiens, par E. Lieblein. — Un des procédés du démiurge égyptien, par E. Lefébure. — Maa, déesse de la Vérité, son rôle dans le panthéon égyptien, par A. Wiedemann.

XI-XII. **La religion populaire des Chinois,** par J.-J.-M. de Groot. Les fêtes annuellement célébrées à Emoui (Amoy). Traduit du hollandais, par G.-G. Chavannes. Illustrations par F. Regamey et héliogravures. 2 volumes in-4°, 38 planches. 160 fr.

XIII. **Le Ramayana,** au point de vue religieux, philosophique et moral, par Ch. Shoebel. Un volume in-4°. *Epuisé.*

Couronné par l'Institut.

XIV. **Essai sur le gnosticisme égyptien,** ses développements, son origine égyptienne, par E. Amélineau. In-4°, planche. *Epuisé.*

XV. **Siao-Hio, la Petite Etude ou Morale de la Jeunesse,** avec le Commentaire de Tche-Siuen, traduit du chinois, par C. de Harlez. In-4°, carte. 60 fr.

XVI. **Les hypogées royaux de Thèbes**, par E. Lefébure. In-4° en 2 fascicules avec planches. 200 fr.

Fascicule I. Seconde division des Hypogées. Notices des Hypogées publiées avec le concours de Ed. Naville et Ern. Schiaparelli. — Fascicule II. Troisième division. Tombeau de Ramsès IV.

XVII. **Monuments pour servir à l'histoire de l'Egypte chrétienne** au IVe siècle. Histoire de saint Pakhôme et de ses communautés. Documents coptes et arabes inédits publiés et traduits par E. Amélineau. In-4°. *Epuisé*.

XVIII. **Avadana çataka.** Cent légendes bouddhiques, traduites du sanscrit par Léon Feer. In-4°. *Epuisé*.

XIX. **Le Lalita-Vistara**, ou Développement des jeux, histoire du Bouddha Çâkya-Mouni, par Ph.-Ed. Foucaux, professeur au Collège de France. — II. Notes, Variantes et Index. In-4°. *Epuisé*.

XX. **Textes taoistes**, traduits des originaux chinois et commentés par C. de Harlez. Un volume in-4°. 80 fr.

XXI, XXII, XXIV. **Le Zend-Avesta.** Traduction nouvelle, avec commentaire historique et philologique, par JAMES DARMESTETER, professeur au Collège de France, 3 volumes in-4°.

I. La liturgie (Yasna et Vispéred). In-4°.

II. La Loi (Vendidad). — L'Epopée (Yashts). — Le Livre de prières (Khorda-Avesta). In-4.

III. Origines de la littérature et de la religion zoroastriennes. Appendice à la traduction de l'Avesta (Fragments des Nasks perdus, Index). In-4°. *Epuisé.*

L'Institut a décerné en 1893 le prix biennal de 20.000 francs à cet ouvrage.

XXIII. **Le Yi-King**, ou Livre des changements de la dynastie des Tscheou, traduit du chinois, avec les commentaires, par P.-L.-F. PHILASTRE. Seconde partie. In-4°. *Epuisé.*

XXV. **Monuments pour servir à l'histoire de l'Egypte chrétienne.** Histoire des monastères de la Basse-Egypte. Vie de saint Paul, saint Antoine, saint Macaire. Vies des saints Maxime et Domèce, de Jean le

Nain, etc. Texte et traduction française, par E. Amélineau. In-4°. 160 fr.

XXVI. I. — **La Corée,** ou Tchôsen (la Terre du Calme matinal), par le colonel Chaillé Long-Bey. In-4°, figures et planches. 14 fr.

II. — **Guide** pour rendre propice l'Etoile qui garde chaque homme et pour connaître les destinées de l'année, traduit du coréen par Hong-Tjyong-ou et Henri Chevalier. In-4°. 20 fr.

III. — **L'exploration des ruines d'Antinoé** et la découverte d'un Temple de Ramsès II enclos dans l'enceinte de la ville d'Hadrien par A. Gayet. In-4°, 25 planches. 60 fr.

IV. — **Recueil de talismans laotiens** publiés et décrits par P. Lefèvre-Pontalis. In-4°, fig. 30 fr.

XXVII. **Le Siam ancien.** Archéologie, Epigraphie, Géographie, par L. Fournereau. Première partie. In-4 richement illustré et accompagné de 84 planches. 200 fr.

Couronné par l'Académie des Inscriptions et Belles-Lettres et par la Société de Géographie.

XXVIII-XXIX. **Histoire de la sépulture et des funérailles dans l'ancienne Egypte,** par E. Amélineau, I et II. 2 tomes in-4°, illustrés et accompagnés de 112 planches. 160 fr.

XXX. I. — **L'Aile nord du Pylone d'Aménophis III à Karnak,** par Legrain et Naville. 17 planches. 48 fr.

II. — **L'Exploration des Nécropoles gréco-byzantines d'Antinoé,** par Gayet. 20 planches. 48 fr.

III. — **Histoire de Thaïs,** textes grecs inédits, par Nau. — L'exploration des nécropoles d'Antinoé, par Gayet. — Inscriptions grecques et coptes, par S. de Ricci. — Plantes antiques des nécropoles d'Antinoé, par Ed. Bonnet. 24 planches. 60 fr.

XXXI. Première partie : **Si-Ling.** Etude sur les tombeaux de l'Ouest de la dynastie des Ts'ing par le Commandant Fonssagrives. Un beau volume in-4, illustré de gravures et planches en noir, en chromotypographie et en chromolithographie. 120 fr.

Deuxième partie : **Le Siam ancien.** Archéologie, Epigraphie, Géographie, par LUCIEN FOURNEREAU. Seconde partie. In-4, 48 planches. 120 fr.

XXXII. **Catalogue du Musée Guimet. Galerie égyptienne.** Stèles, Bas-reliefs, Monuments divers, par A. MORET. In-4. 66 planches en un carton. 100 fr.

XXXIII. **Catalogue du Musée Guimet. Cylindres orientaux**, par L. DELAPORTE. In-4, 10 planches. 48 fr.

BIBLIOTHÈQUE D'ÉTUDES

SÉRIE IN-8°.

Tome I à XXV. *Editions Ernest Leroux*, rue Bonaparte, 28, Paris (VIe).

I. **Le Rig-Véda** et les origines de la mythologie indo-européenne, par PAUL REGNAUD. Première partie, in-8. *Epuisé.*

II. **Les lois de Manou**, traduites par G. STREHLY. In-8. *Epuisé.*

III. **Coffre à trésor attribué au Shogoun Iyé-Yoshi** (1838-1853). Etude héraldique et historique, par L. DE MILLOUÉ et S. KAWAMOURA. In-8, figures. 40 fr.

IV. **Recherches sur le Bouddhisme**, par MINAYEFF, traduit du russe par ASSIER DE POMPIGNAN. Introduction par EM. SENART. In-8. *Epuisé.*

V-VI. **Voyage dans le Laos**, par ETIENNE AYMONIER, 2 vol. in-8, avec 54 cartes. 130 fr.

VII. **Les Parsis.** Histoire des communautés zoroastriennes, par D. MENANT. Première partie. In-8, fig. et 21 planches. 80 fr.

Couronné par l'Académie Française. — Prix Marcellin Guérin.

VIII. **Si-do-in-dzou.** Gestes de l'officiant dans les cérémonies mystiques des sectes Tendaï et Singon (Bouddhisme japonais), d'après le commentaire de M. HORIOU TOKI, supérieur du temple de Mitani-Dji. Traduit du japonais par S. KAWAMOURA. Introduction et annotation, par L. DE MILLOUÉ. In-8,

18 planches et reproduction fac-similé du texte. *Epuisé.*

IX. **La vie future**, d'après le mazdéisme, à la lumière des croyances parallèles dans les autres religions, par N. SŒDERBLOM. In-8. *Epuisé.*

X-XI. **Histoire du Bouddhisme dans l'Inde**, par H. KERN, professeur à l'Université de Leyde. Traduit par M. GÉDÉON HUET. 2 vol. In-8. 150 fr.

XII. **Bod Youl** ou **Tibet**, le Paradis des Moines, par L. DE MILLOUÉ. In-8, planches. 48 fr.

XIII. **Le théâtre au Japon**, ses rapports avec les cultes locaux, par A. BENAZET. In-8, illustré. 30 fr.

XIV. **Le rituel du culte divin journalier en Egypte** d'après les papyrus de Berlin et les textes du temple de Séti Ier, à Abydos, par ALEXANDRE MORET. In-8, figures et planches. *Epuisé.*

XV. **Du caractère religieux de la royauté pharaonique**, par ALEXANDRE MORET. In-8, figures et planches. *Epuisé.*

XVI. **Le culte et les fêtes d'Adonis-Thammouz** dans l'Orient antique, par CHARLES VELLAY. In-8, figures et planches. 30 fr.

XVII-XVIII. **Le Népal**, étude historique d'un royaume indou, par SYLVAIN LÉVI. Tomes I, II. In-8, gravures et plan.
Chacun 40 fr.

XIX. **Le Népal.** Tome III, comprenant : une série d'inscriptions anciennes du Népal; des notices sur quelques manuscrits népalais; l'explication des planches; un index général de l'ouvrage. In-8, planches. 40 fr.

XX. **Les livres sacrés du Cambodge**, par ADHÉMARD LECLÈRE. Première partie. La vie du Bouddha. — La vie de Dévadatta. In-8. 30 fr.

XXI. **Le T'ai Chan**, par EDOUARD CHAVANNES.
Epuisé.

XXII. **Essai de bibliographie Jaina**, répertoire méthodique et analytique des travaux relatifs au jaïnisme, par A. GUÉRINOT. Un volume in-8, 9 planches. 100 fr.

XXIII. **L'histoire des idées théosophiques dans l'Inde.** I. La théosophie brahmanique, par PAUL OLTRAMARE, professeur à l'Université de Genève. In-8. *Epuisé.*

XXIV. Premier fascicule : **Etudes sur le calendrier égyptien.** Dates calendériques au point de vue de l'histoire de la civilisation par ED. MAHLER. Traduit et publié par ALEXANDRE MORET. In-8. 40 fr.

2e fascicule : **Chronologie égyptienne**, par ED. MEYER, traduit par A. MORET. 48 fr.

XXV. **Les origines de l'Egypte pharaonique.** Première partie. La IIe et la IIIe dynastie par RAYMOND WEILL. In-8, figures et planches. *Epuisé.*

Paul Geuthner, éditeur, 13, rue Jacob.

XXVI-XXVII. **Archéologie du Sud de l'Inde.** Tome I : Architecture. — Tome II : Iconographie, par G. JOUVEAU-DUBREUIL. 200 fr.

Tome I : 64 planches, 71 fig., 190 pp. — *Architecture :* Introduction. — PREMIÈRE PARTIE. *Les origines de l'art Dravidien :* Chapitre I, Caractères généraux de l'architecture de l'époque d'Açoka. — Chapitre II, L'époque de Kanishka et l'époque des

Guptas. — Deuxième partie. *Généralités.* — Troisième partie. *Les styles.* Chapitre I, Les styles Pallava. — Chapitre II, Le style Chola. — Chapitre III, Le style Pandya. — Chapitre IV, Le style de Bijanagar. — Chapitre V, Le style de Madura. — Chapitre VI, L'architecture contemporaine. — Appendice : Le style Nord-bindou et le style de Pattadakal.

Tome II : 44 planches, 40 fig., 152 pp. — *Iconographie* : Chapitre I, Iconographie çivaïte. — Chapitre II, Iconographie vichnouïte. — Chapitre III, Brahmâ et les divinités secondaires. — Chapitre IV, Histoire de la religion d'après l'iconographie. — Chapitre V, Costumes — statues — chars, etc...

XXVIII. **Le texte arménien de l'Evangile,** d'après Matthieu et Marc, par Frédéric Macler. *Epuisé.*

647 pp. — Bibliographie — introduction historique — 1re partie : Quel est le texte arménien sur lequel on opère. — Variations offertes par les bons MSS arméniens — 2e partie : Comparaison de la version arménienne avec le texte grec et les autres versions (de l'hypothèse d'une version faite sur le latin; de l'hypothèse d'une version faite sur le syriaque; la technique de la traduction; examen des variantes sur le fond) — la date de la traduction.

XXIX. **Adonis,** étude de religions orientales comparées, par James-George Frazer. 50 fr.

VII, 312 pp. — Chapitre I, Le mythe d'Adonis, — Chapitre II, Adonis en Syrie. — Chapitre III.

Adonis à Chypre. — Chapitre IV, Hommes et femmes consacrés. — Chapitre V, Le Bûcher de Melcarth. — Chapitre VI, Le Bûcher de Sandon. — Chapitre VII, Sardanapale et Hercule. — Chapitre VIII, La religion volcanique. — Chapitre IX, Le rituel d'Adonis. — Chapitre X, Les jardins d'Adonis. — Appendice I : Le roi Moloch. — Appendice II : Le flamine veuf. — Appendice III : Charme pour protéger une ville. — Index.

XXX. **Les origines de la famille et du clan,** par JAMES-GEORGE FRAZER. 30 fr.

187 pp :

XXXI. **Histoire des idées théosophiques dans l'Inde : Le Bouddhisme,** par PAUL OLTRAMARE. 90 fr.

XV, 542 pp. — *Livre premier : les organes de la religion.* Chapitre I, Le Bouddha. — Chapitre II, L'église. — Chapitre III, Les fixations littéraires et la doctrine.

Livre deuxième : la doctrine de la souffrance et du salut. Chapitre I, Les conditions générales du salut. — Chapitre II, Thérapeutique de la volonté. — Chapitre III, Thérapeutique de l'intelligence. — Chapitre IV, L'élaboration du salut. — Chapitre V, Le nirvâ*n*a.

Livre troisième : la place et le rôle du bouddhisme dans la théosophie indienne. Chapitre I, La *dharma* bouddhique. — Chapitre II, Les éléments théosophiques et les éléments religieux du bouddhisme. — Conclusion.

XXXII. La légende de l'empereur Acoka, par J. PRZYLUSKI. 100 fr.

XVI, 460 pp. — Avant-propos. Les recensions de l'Açokâvadâna — signes et abréviations. PREMIÈRE PARTIE : *La légende de l'Empereur Açoka.* Introduction. — Chapitre I, Le récit du premier concile dans l'Açokâvadâna. — Chapitre II, Les Patriarches. — Chapitre III, Les gestes d'Açoka. — Chapitre IV, L'Ecole de Kauçambi et la légende de Pi*nd*ola. — Chapitre V, Le cycle d'Açoka. — Chapitre VI, L'Enfer d'Açoka. — Appendice. Le supplice des cinq liens dans l'enfer bouddhique. — Chapitre VII, Le développement des idées eschatologiques relatives à la loi. —Chapitre VIII : Le dernier chapitre de l'A-yu-wang-tchouan, « appendices », « Ta-tche-tou-louen ». — Chapitre IX, La légende d'Açoka dans le « Fen-pie-kong-to-louen ». — DEUXIÈME PARTIE. *A-yu-wang-tchouan* (chronique des premiers siècles du bouddhisme, traduit du chinois et annoté). — Chapitre I, Avadâna du don de la terre. — Chapitre II, Avadâna du roi Açoka. — Chapitre III, Avadana du frère cadet du roi Açoka. — Chapitre IV, Avadâna de Kunâla. — Chapitre V, Avadana de la moitié d'âmalaka; appendice, l'expédition du roi Pusyhamitra dans le nord-ouest de l'Inde. — Chapitre VI, Avadâna d'Upagupta. — Chapitre VII, Avadâna du nirvâ*n*a de Mahâkâçyapa. — Avadana de Madhyantika. — Avadâna de Çâ*n*avâsa. — Chapitre VIII, Avadâna des disciples d'Upagupta. — Chapitre IX, La destruction de la loi du Buddha. — Chapitre X, Avadâna de la récompense donnée par le roi Açoka. — Addenda et corrigenda. — Index : des noms d'auteurs, des matières, des mots sanskrits, — des mots palis, — des mots iraniens, — des mots chinois.

XXXIII. **Le pèlerinage à la Mekke**, étude histoire religieuse, par GAUDEFROY-DEMOMBYNES. 60 fr.

1 pl. VIII, 332 pp. — PREMIÈRE PARTIE. — I : Le territoire sacré (haram). — II : La Ka'ba. — III : Les petits édifices autour de la Ka'ba. — IV : Les petits édifices autour de la Ka'ba (*suite*).— V : La Mosquée sainte (el mesjid el haram). — VI : Les portes du Mesjid el haram. — DEUXIÈME PARTIE. — I : Le départ du pèlerin isolé, la caravane du mahmal. — II : La sacralisation du pèlerin (irhâm). — III : La visite des lieux saints de la Mekke ('oram). — IV : Les tournées rituelles à la Ka'ba (tawâf). — V : La course entre Eç Cafa et el Marwa (sa'y). — VI : Le hajj. — VII : Le hajj (*suite*). — VIII : Le hajj (*fin*). — IX : Fin du hajj. — X : Le retour du pèlerin; caractère obligatoire du hajj; le hajj de remplacement.

XXXIV. **Le festin d'immortalité**, esquisse d'une étude de mythologie comparée indo-européenne, par G. DUMÉZIL. 60 fr.

XIX, 322 pp. — Introduction. — I : Mythologie indo-européenne. — II : Méthode. — III : Documents. — IV : L'Ambroisie. — V : Plan. — PREMIÈRE PARTIE. — *Détermination du Cycle légendaire de l'Ambroisie.* — I : Le Cycle de l'Amrta. — II : Le Cycle de la Bière des Ases. — III : Le Cycle de l'Ambroisie. — DEUXIÈME PARTIE. — *Le Cycle de l'Ambroisie dans les diverses mythologies indo-européenne.* — I : Chez les Hindous. — II : Chez les Germains. — III : Chez les Iraniens. — IV : Chez les Grecs. — V : Chez les Latins. — VI : Chez les Celtes. — VII : Chez les Slaves. — VIII :

Chez les Arméniens. — IX : Chez les Koutchéens. — TROISIÈME PARTIE. — La Fête d'Ambroisie. — I : La Fête de l'Ambroisie. — II : Essai d'interprétation des rites et des légendes de l'Ambroisie. — III : Conclusions générales. — Index. — Table.

XXXV. **Atys et Osiris. Etude de Religions orientales comparées**, par JAMES-GEORGE FRAZER. Traduction française par HENRY PEYRE. 50 fr.

296 pp. — *Atys :* I : Le mythe et le rituel d'Atys. — II : Atys, dieu de la végétation. — III : Atys, Dieu Père. — IV : Représentants humains d'Atys. — V : Le Dieu pendu. — VI : Religions orientales en Occident. — VII : Hyacinthe.

Osiris : I : Le mythe d'Osiris. — II : Le calendrier officiel égyptien. — III : Le calendrier du paysan égyptien. — IV : Les fêtes officielles d'Osiris. — V : La nature d'Osiris. — VI : Isis. — VII : Osiris et le soleil. — VIII : Osiris et la lune. — IX : La doctrine de la sympathie lunaire. — X : Le roi dans le rôle d'Osiris. — XI : L'origine d'Osiris. — XII : Matriarcat et déesses-mères. — Appendice : Quelques coutumes des habitants des îles Pelew.

XXXVI. **La théorie de la connaissance et la logique chez les Bouddhistes tardifs,** par TH. STCHERBATSKY. Traduit par Mme I. DE MANZIARLY et PAUL MASSON-

OURSEL, chargé de cours à la Sorbonne et à l'Ecole des Hautes-Etudes religieuses 50 fr.

XVI et 247 pp. — Avant-propos. — Préface de l'auteur. — Chapitre I, Le Bouddhisme au ve siècle. — Chapitre II, Le temps (*kâla*). — Chapitre III, L'espace (*diç, âkâça*). — Chapitre IV, Les sources de la connaissance (*pramâna*). — Chapitre V, La perception (*pratyaksha*). — Chapitre VI, La pensée (*kalpanâ*). — Chapitre VII, L'essence particulière et l'essence générale (*svalakshana, sâmânyalakshana*). — Chapitre VIII, L'Absolu (*paramârthasat*). — Chapitre IX, Le résultat de la perception (*pramânaphalam*). — Chapitre X, La source de la perception (*pratyakshapramânam*). — Chapitre XI, Le problème de la réalité du monde extérieur (*bâhya*). — Chapitre XII. La conscience de soi (*svasamvedana*). — Chapitre XIII, La théorie de la perception dans les systèmes brahmaniques. — Chapitre XIV, Le raisonnement (*anumâna*). — Chapitre XV, La relation nécessaire entre les idées (*vyâpti*). — Chapitre XVI, Les jugements négatifs. — Chapitre XVII, La loi de contradiction. — Chapitre XVIII, La doctrine brahmanique du raisonnement. — Abréviations.

Sous presse :

XXXVII. **Histoire de l'Extrême-Orient**, par R. GROUSSET.

11 pl. en couleurs, 32 pl. en noir, 7 cartes, environ 700 pp. 1928. — Chapitre I, L'Inde : Les origines. — L'époque Maurya. — La domination étrangère : Indo-Grecs et Indo-Scythes. — L'épo-

que Gupta. — Le Dékhan médiéval. — La pensée et l'esthétique indiennes au moyen âge. — Chapitre II, La Chine : La Chine prébouddhique. — La Chine bouddhique. — Les T'o-pa et T'ang. — L'époque néo-confucéenne. — Chapitre III, L'empire Mongol. Gengiskhan. — Les trois premiers Gengiskhanides. — L'Empire Mongol de Chine. — Chapitre IV, La Chine des Ming et des Mandchous : Les Ming. — La Chine Mandchoue (Ts'ing). — Chapitre V, Histoire de l'Indo-Chine : L'influence indienne. — Chams et Khmèrs. — L'influence chinoise : les Annamites.

XXXVIII. **Sur quelques moments de la philologie védique**, par L. Renou. 40 fr.

Env. 250 pp., sous presse.

XXXIX. **Les Çlokas grammaticaux de Tonmi Sambota**, par J. Bacot.

13 pl. env. 160 pp. — Préface. — Introduction. — Table des çlokas. — Première partie : Guirlande des règles et développements de la grammaire. — Traités. — Textes et commentaires. — Texte tibétain.

XL. **Le problème des Centaures**, par G. Dumézil.

Fig., env. 300 pp., sous presse.

Ch. I : *Gody.* — I : La date des Mascarades. — II : Les Gedy. — III : Le jeu du cheval. — IV : Le Cheval parmi les bêtes. — V : Les exploits du Cheval. — VI : Carnaval et Paganisme. — VII :

Les bêtes et les Douze jours. — VIII : Les bêtes et les Démons. — IX : Les bêtes et les morts. — X : L'âme du Carnaval. — XI : Le carnaval chinois. — XII : Le problème des Centaures.

Ch. II : *Gandarava.* — I : Entre l'hiver et le printemps. — II : Les mythes de changement d'année — III : Gandarep et Yim, Kudrv et Zohak. — IV : Gandarava parmi les Monstres. — V : Gandarep dompté. — VI : Après la victoire. — VII : Les Burkudzauta et Kurysdzântâ.

Ch. III : *Gandharva.* — I : Note sur un point de méthode. — II : Les gandharva et la Cour Royale. — II : Les gandharva et les Dieux-Rois de Nouvel An. — IV : Les gandharva parmi les Etres. — V : Pururavas, la dernière nuit de l'année.

Ch. IV : *Kentauros.* — I : Héraclès, à l'équinoxe de printemps. — II : Les Centaures parmi les races. — III : Pholos, la jarre et la Cour. — IV : Kaineus, les sexes et la lance. — V : De Chiron à Nessos. — VI : Ixion, la roue et la Nuée.

Ch. V : *Februus.* — I : Les fastes et la mythologie romaine. — II : Februum, etc. — III : La Course des Luperques nus. — IV : Les Lupercalia et le roman de Romulus. — V : Les Sabines flagellées. — VI : Les Lupercalia et le Pouvoir.

Ch. VI : *Gondu et le mariage.* — I : Gandharva ou mariage. — II : Des noces de Dejanire aux noces d'Hersilia. — III : Gondu.

Ch. VII : *Gordios et le pouvoir.* — I : Rappel de quelques faits. — II : Midas et Gordios. — III : ΙΠΠΟΣ ΒΡΟΓΟΠΟΥΣ ΜΙΚΑΙΕΩΝ

Ch. VIII : * G ⧗ h $^{e}/^{o}$ (n) dh-r-u-o. — I : Les noms. — II : Les choses. — Appendices. — Appendice I : Dans le Nord. — Appendice II : Kitovras, Kandaulas, etc.

BIBLIOTHÈQUE DE VULGARISATION

SÉRIE DE VOLUMES IN-18.

Tomes I à XXXV, *Editions Ernest Leroux*, 28, rue Bonaparte, Paris (VIe).

A partir du tome XXXVI, *Paul Geuthner*, 13, rue Jacob, Paris (VIe).

I. **Les Moines Egyptiens**, par E. AMÉLINEAU. In-18, illustré. *Epuisé.*

II. **Précis de l'Histoire des religions.** Première partie. Religions de l'Inde, par L. DE MILLOUÉ. In-18, illustré de 21 planches. *Epuisé.*

III. **Les Hétéens.** Histoire d'un Empire oublié, par H. SAYCE. Traduit de l'anglais, avec préface et appendices, par J. MENANT, de l'Institut. In-18, illustré. *Epuisé.*

IV. **Les Symboles, les Emblèmes et les Accessoires du culte chez les Annamites**, par G. DUMOUTIER. In-18, illustré. *Epuisé.*

V. **Les Yézidis.** Les Adorateurs du diable, par J. MENANT, de l'Institut. In-18, figures. 14 fr.

VI. **Le Culte des morts dans l'Annam et dans l'Extrême-Orient**, par le lieutenant-colonel BOUINAIS et PAULUS. In-18. 14 fr.

VII. **Résumé de l'Histoire de l'Egypte**, par E. AMÉLINEAU. In-18. *Epuisé.*

VIII. **Le Bois sec refleuri.** Roman coréen, traduit par HONG-TJYONG-OU. In-18. 14 fr.

IX. **La Saga de Nial**, traduite en français pour la première fois par R. DARESTE, de l'Institut, conseiller à la Cour de Cassation. In-18. 14 fr.

X. **Les Castes dans l'Inde.** Les Faits et le Système, par EM. SENART, de l'Institut. In-18. *Epuisé.*

XI. **Introduction à la philosophie Védanta**, par F. MAX MULLER, membre de l'Institut. Traduit de l'anglais par LÉON SORG. In-18. 14 fr.

XII. **Conférences de** M. DE MILLOUÉ (1898-1899).

1° L'Idée de Dieu et la Nature des dieux chez les peuples de l'Extrême-Orient. Comparaison avec les conceptions gecques et latines. — 2° La Notion de l'existence de l'âme et de sa nature chez les Hindous, les Grecs, les Perses, les Chinois et les Japonais. Théories de l'Immortalité et de l'Anéantissement de l'âme. Mokcha, Moukti, Nirvâna. Paradis de Soukhâvatî. — 3° L'origine du Monde d'après les livres sacrés de l'Inde et de la Perse. Théories déistes et matérialistes. La doctrine bouddhique de la Çûnyata ou du Vide. — 4° La vie religieuse de l'Indou. Cérémonies ou sacrements, avant et après la naissance. La vie religieuse du Grec et du Romain. — 5° Les symboles religieux orientaux et leurs rapports avec ceux du Paganisme européen. — 6° Les Lois morales dans l'Inde. Conception de la nature du Péché. La souillure brâmanique. Moyens d'expier les péchés : transmigration, pénitences, les Enfers. Absences d'idées de Rédemption. — 7° Le Mysticisme Indou. Tantrisme brâhmanique : les tantras. Mantras, bidjas et moudrâs. Introduction du Mysticisme dans le Bouddhisme vers le ve siècle de notre ère, son expansion dans l'Extrême-Orient par le canal du Bouddhisme. 14 fr.

XIII. **L'Evangile du Bouddha**, raconté d'après les anciens documents, par PAUL CARUS. Traduit de l'anglais par L. DE MILLOUÉ. In-18. 14 fr.

XIV. **Conférences de** M. DE MILLOUÉ (1899-1900).

1° La condition de la femme dans l'Inde ancienne. La femme au point de vue religieux et légal. — 2° La femme dans l'Inde ancienne. La femme dans la littérature et le théâtre. — 3° Comment s'est fondé le pouvoir temporel des Dalais Lamas. — 4° La tradition historique et la mythologie dans les Poèmes épiques de l'Inde. Le Râmâyana. — 5° La tradition historique et la mythologie dans les Poèmes épiques de l'Inde. Le Mahabharata. — 6° Culte et cérémonies en l'honneur des morts dans l'Extrême-Orient. — 7° Un point de Mythologie comparée. Les Dieux du feu. — 8° L'Astrologie et les différentes formes de la Divination dans l'Inde, la Chine et au Thibet. — 9° Triades et Trinités. 14 fr.

XV. **Conférences au Musée Guimet** en 1903-1904.

M. MAURICE COURANT. Les clans japonais sous les Tokougawa. — 2o M. SALOMON REINACH. Les apôtres chez les Anthropophages. — 3o M. E. CARTAILHAC. Les peintures préhistoriques de la caverne d'Altamira (Espagne). — 4o M. R. CAGNAT. La sorcellerie et les sorciers chez les Romains. 14 fr.

XVI. **Conférences du Musée Guimet** en 1903-1904 (*suite*).

1o M. G. LAFAYE. Rome sous les rois et les dernières fouilles. — 2o M. PHILIPPE BERGER. Les origines babyloniennes de la poésie sacrée des Hébreux. — 3o M. SYLVAIN LÉVI. La transmigration des âmes dans les croyances hindoues. — 4o M. D. MENANT. Parsis et Parsisme. 14 fr.

XVII. **Conférences au Musée Guimet,** par EMILE GUIMET. In-18, illustré. La Statue vocale de Memnon. — Les récentes découvertes archéologiques en Egypte. — Les Musées de la Grèce. — Des Antiquités de la

Syrie et de la Palestine. — Le Théâtre chinois au XIIIe siècle. 14 fr.

XVIII. **Conférences du Musée Guimet** en 1904-1905.

1° M. Jean Reville. Le Prophétisme hébreu. — 2° M. R. Cagnat. La vie de garnison et la Religion des soldats dans l'Empire Romain. — 3° M. G. Lafaye. L'initiation mithriaque. — 4° M. Théodore Reinach. La Fête de Pâques dans le Judaïsme et le Christianisme. — 5° M. D. Menant. Réforme religieuse et sociale dans l'Inde. 14 fr.

XIX. **Conférences du Musée Guimet** en 1904-1905 (*suite*).

1° M. Sylvain Levi. Les Jâtakas (Etapes du Bouddha sur la voie des transmigrations). — 2° M. R. Cagnat. Les Vestales et leur Couvent sur le Forum Romain. — 3° M. Salomon Reinach. Actéon. — 4° M. Victor Loret. L'Egypte au temps du totémisme. — 5° M. E. Pottier. La collection Louis de Clercq (Documents sur l'histoire des Religions dans l'Orient antique). 14 fr.

XX. **Conférences du Musée Guimet** en 1904-1905 (*suite*).

1° M. H. Parmentier. La religion ancienne de l'Annam, d'après les dernières découvertes archéologiques de l'Ecole Française d'Extrême-Orient. — 2° M. Paul Pierret. Les interprétations de la religion égyptienne. — 3° M. Victor Henry. Sôma et Haoma. Le breuvage d'immortalité dans la mythologie, le culte et la théologie de l'Inde et de la Perse. — 4° Mlle D. Menant. Anquetil-Duperron à Surate. — 5° M. Philippe Berger. La Tunisie ancienne et moderne (Souvenirs de voyage). — 6° M. A. Moret. La magie dans l'Egypte ancienne. 14 fr.

XXI. **Les Religions de la Gaule** avant le Christianisme par Ch. Renel. In-18. 14 fr.

XXII. **Le Bouddhisme**, par L. de Milloué. In-18. 14 fr.

XXIII. **Conférences de** M. Edouard Naville au Collège de France :

1° Origine des anciens Egyptiens. Rapports possibles avec Babylone. — 2° Différents modes de sépulture. La vie à venir. — 3° La doctrine d'Héliopolis. L'ennéade. Le dieu Amon de Thèbes. La réforme religieuse d'Aménophis IV. — 4° Le livre des morts. Le jugement. Osiris. Le pessimisme chez les anciens Egyptiens. — 5° L'anthropomorphisme. Les mythes. Les statues vocales. La religion du peuple. — 6° Rites et cérémonies. La nature divine du roi. Couronnement. Fondation d'édifices. Le service journalier. Fin de la religion égyptienne. 14 fr.

XXIV. **Conférences de** M. Franz Cumont au Collège de France.

1° Rome et l'Orient. — 2° Propagation des cultes orientaux. — 3° L'Asie Mineure. — 4° L'Egypte. — 5° La Syrie. — 6° La Presse.—7° L'astrologie et la magie. — 8° La transformation du paganisme. *(Epuisé).*

XXV. **Conférences aû Musée Guimet** en 1906-1907.

1° M. R. Cagnat. Figures de Romaines au déclin de la République. — 2° M. le

Dr E.-T. Hamy. Croyances et Pratiques religieuses des premiers Mexicains; le Culte des dieux Tlaloques. — 3° M. Salomon Reinach. Prométhée. — 4° M. E. Senart. Origines bouddhiques. — 5° M. A. Gayet. Le Culte bachique à Antinoé. — 6° M. Sylvain Levi. La Formation religieuse de l'Inde contemporaine. 14 fr.

XXVI. **Conférences de** M. de Milloué de 1901 à 1905.

1° Le Tibet est-il sur le point de s'ouvrir aux étrangers? Aperçu sur l'histoire générale de ce pays. — 2° Une face du panthéisme hindou. Idées des philosophes çivaïtes du IXe siècle sur la nature du Dieu suprême et ses relations avec l'âme humaine. — 3° L'histoire primitive du Japon d'après le Kodjiki. Valeur de ce livre au point de vue historique. — 4° Le Mouvement religieux dans l'Inde moderne. Le déisme hindou et les Brahma-Samadjs. La renaissance du Bouddhisme. — 5° Résultats des travaux de la Délégation française en Perse. Fouilles de Suze. Le Code d'Hammourabi. — 6° Comparaison des mythes relatifs à la naissance des Dieux, des héros et des fondateurs de religions. — 7° Conception indienne de la délivrance de la Métempsychose par l'Ascétisme et la Méditation. 14 fr.

XXVII. **Conférences faites** par M. de Milloué de 1901 à 1905 (*suite*).

1° Le mythe de Zeus et ses équivalents indiens. — 2° Les traditions relatives au déluge. — 3° Les Tibétains. Notes d'Ethnographie. — 4° Les Conciles bouddhiques.— 5° Légende de Padma Sambhava. — 6° Le miracle dans les religions de l'Inde. — 7° La Religion primitive de la Chine. 14 fr.

XXVIII. **Exposition temporaire au Musée Guimet.** Catalogue. In-18, illustré. 14 fr.

XXIX. **Conférences du Musée Guimet** en 1908.

1° M. R. Cagnat. Figures d'impératrices romaines. — 2° M. A. Moret. L'immortalité de l'âme et la sanction morale dans l'Egypte ancienne. — 3° M. L.

de Milloué. Le Temple d'Angkor. — 4° M. E. Pottier. Le problème de l'art dorien. — 5° M. le Dr J.-J. Matignon. Moukden et ses tombes. — 6° M. Salomon Reinach. L'idée du péché originel. 14 fr.

XXX. **Conférences du Musée Guimet** en 1908 (*suite*). 14 fr.

1° M. G. Benedite. Les origines du mastaba, exposées à propos de la tombe d'un haut fonctionnaire memphite. — 2° M. A. Gayet. Le Destin, la divination égyptienne et l'oracle d'Antinous. — 3° M. A. Foucher. Les représentations de « Jâtakas » sur les bas-reliefs de Barhut. — 4° M. L. de Milloué. Quelques ressemblanches entre le Bouddhisme et le Christianisme. — 5° M. E. Naville. L'art égyptien. — 6° Mlle D. Menant. Zoroastre d'après la tradition parsie. 14 fr.

XXXI. **Conférences du Musée Guimet** en 1909.

1° M. Théophile Homolle. L'administration des temples en Grèce. —

2° M. SALOMON REINACH. Mythologie et religion des Germains. — 3° M. L. DE MILLOUÉ. Le Svastika. — 4° M. SYLVAIN LEVI. Les saintes écritures du Bouddhisme. Comment s'est constitué le Canon sacré. — 5° M. R. CAGNAT. Le commerce et la propagation des religions dans le monde romain. — 6° M. DELAPORTE. La glyptique de Sumer et d'Akkad. — 7° M. A. MORET. La Révolution Religieuse d'Aménophis IV. 14 fr.

XXXII. **Conférences du Musée Guimet** en 1909 (*suite*).

1° M. G. LAFAYE. Ephèse romaine (les fouilles de 1896 à 1904). — 2° M. RENÉ PICHON. La légende d'Hercule à Rome. — 3° M. le Dr CAPITAN. Les sacrifices dans l'Amérique ancienne. — 4° M. EUGÈNE REVILLOUT. Opinions philosophiques d'une dame du IIe siècle, d'après un papyrus-démotique. — 5° M. J. BACOT. Pèlerinage du Dokerla (Tibet sud-oriental). — 6° Mme JANE DIEULAFOY. L'évolution religieuse de l'Espagne au XVIe siècle. —

7° M. A. Moret. Le jugement des morts en Egypte et hors d'Egypte. 14 fr.

XXXIII. **Conférences faites au Collège de France** par M. Jean Reville : Les Phases successives de l'histoire des religions.

1° L'Histoire des Religions dans l'antiquité. — 2° L Histoire des religions depuis l'avènement du christianisme jusqu'à l'apparition du rationalisme. — 3° Le rationalisme du xviiie siècle. — 4° Révélation primitive et religion naturelle. — 5° Les rénovateurs de l'étude des religions : Herder et Schleiermacher. — 6° Hegel. L'Ecole symbolique, l'Ecole mythique. — 7° L'Ecole philologique. — 8° L'Ecole anthropologique. — 9° L'Ecole historique. 14 fr.

XXXIV. **Conférences du Musée Guimet** en 1910.

1° M. de Milloué. Le Sacrifice. — 2° M. A. Moret. Le grand temple de Deir-el-Bahari. — 3° M. René Dussaud. Les sacrifices humains chez les Cananéens, d'après les fouilles récentes. — 4° M. A. Ca-

GNAT. Un pèlerinage à Némi. — 5° M. A. FOUCHER. La porte orientale du Stûpa de Sânchi (Moulage du Musée Guimet). — 6° M. FRANZ CUMONT. Les idées du paganisme romain sur la vie future. — 7° M. L. DELAPORTE. La glyptique de l'Assyrie. 14 fr.

XXXV. **Conférences du Musée Guimet** en 1910 (*suite*).

1° M. EMILE GUIMET. Lucien de Samosate, philosophe. — 2° M. HENRI CORDIER. La piété filiale et le culte des ancêtres en Chine. — 3° M. S. REINACH. Thékla. — 4° Mlle D. MENANT. Les rites funéraires des zoroastriens de l'Inde. — 5° M. RENÉ PICHON. Le mariage religieux à Rome. — 6° M. VON LE COQ. Exploration archéologique à Tourfan. 14 fr.

XXXVI. **Conférences du Musée Guimet** en 1911.

1° M. L. DE MILLOUÉ. Anthropomorphisme et Zoomorphisme. — 2° M. HENRI CORDIER. Lao-Tseu. — 3° M. R. CAGNAT. Naufrages d'objets d'art dans l'antiquité.

— 4° Comte GOBLET D'ALVIELLA. Histoire de la science des religions. — 5° M. SYLVAIN LEVI. Les études orientales, leurs leçons, leurs résultats. — 6° M. J. BACOT. L'art tibétain. — 7° Mlle D. MENANT. Sacerdoce zoroastrien à Nausari. 20 fr.

XXXVII. **Conférences du Musée Guimet** en 1912.

1° M. A. MORET. Mystères égyptiens. — 2° Dr CAPITAN. Excursion aux Villes mortes du Yucatan. — 3° M. SEYMOUR DE RICCI. Les Contes populaires égyptiens et la Littérature Hébraïque. — 4° M. PHILIPPE BERGER. Les Ruines. *Épuisé.*

XXXVIII. **Conférences du Musée Guimet** en 1912 (*suite*).

1° M. le Commandant ESPÉRANDIEU. Le culte des sources chez les Eduens. — 2° M. P. ALPHANDERY. S. François d'Assise et l'épopée française. — 3° M. SALOMON REINACH. Samson. — 4° M. R. CAGNAT. Comment les Romains se rendirent maîtres de toute l'Afrique du Nord. — 5° M. A. MORET. La royauté dans l'Egypte primitive : Totem et Pharaon. — 6° M. A. FOUCHER. L'origine grecque de l'image du Bouddha. *Épuisé.*

XXXIX. **Conférences du Musée Guimet** en 1912 (*suite*).

1° M. RENÉ DUSSAUD. Les crimes d'Athalie (histoire et légende). — 2° M. R. CAGNAT. Visite à quelques Villes africaines récemment fouillées. — 3° M. RENÉ PICHON. Le rôle religieux des femmes dans l'ancienne Rome. — 4° M. J. TOUTAIN. Les Cavernes sacrées dans l'antiquité grecque. — 5° Mlle D. MENANT. Pèlerinage aux Temples jainas du Girnar. — 6° M. A. MORET. Sanctuaires de l'ancien Empire égyptien. *Épuisé.*

XL. **Conférences du Musée Guimet** en 1913.

1° M. V. GOLOUBEW. Peintures bouddhiques aux Indes. — 2° Capitaine DE TRESSAN. Influences étrangères dans la formation de l'art japonais. — 3° M. J. HACKIN. Illustrations tibétaines d'une légende du Divyâvadâna. — 4° M. SYLVAIN LEVI. Les grands hommes dans l'Histoire de l'Inde. — 5° M. F. NAU. L'expansion nestorienne en Asie. 20 fr.

XLI. **Conférences du Musée Guimet** en 1914.

1° M. R. CAGNAT. Temples et sanctuaires romains. — 2° M. R. DUSSAUD. La grande déesse chypriote. — 3° M. A. MORET. Les statues d'Egypte, « images vivantes ». — 4° M. V. GOLOUBEW. Le Kailâsa d'Ellora. — 5° M. R. PETRUCCI. Les peintures bouddhiques de Touen-houang (Mission Stein). — 6° M. H. CORDIER. La question des rites chinois. — 7° M. E. POTTIER. Les origines de la caricature dans l'antiquité. 20 fr.

XLII. **Cambodge. Fêtes civiles et religieuses** par ADHÉMARD LECLÈRE. 30 fr.

13 pl., 661 pp. — I : Le couronnement de Sisowath. — II : Les fêtes religieuses régulières. — III : Les cérémonies religieuses privées. — IV : Les fêtes privées. — V : Les fêtes et cérémonies propitiatoires. — VI : Les cérémonies qui accompagnent la prestation du serment.

XLIII. **Quelques pages de l'Histoire religieuse du Japon. Conférences faites au**

Collège de France, par MASAHARU ANESAKI. 30 fr.

IX et 173 pp. — Introduction. — I : Le Prince Shôtoku, pionnier de la civilisation japonaise. — II : Dengyô et Kôbô, organisateurs de la hiérarchie bouddhique. — III : Hônen, le saint piétiste. — IV : Nichiren, le prophète. — V : Introduction du bouddhisme Zen et ses effets sur la civilisation japonaise. — VI : Une phase du mouvement religieux dans le Japon moderne.

XLIV. **Trois Conférences sur les Gâthâ de l'Avesta faites à l'Université d'Upsal pour la fondation Olaus Petri,** par A. MEILLET. 12 fr. 50

72 pp. — Introduction. — I : Date de Zoroastre. — II : La composition des Gâthâ. — III : Caractère de la doctrine des Gâthâ.

XLV. **Notes sur des amulettes Siamoises** par M. PIERRE LEFÈVRE-PONTALIS. 20 fr.

2 et 27 pl., 49 pp.

XLVI. **Trois Conférences sur l'Arménie faites à l'Université de Strasbourg,** par FRÉDÉRIC MACLER. 30 fr.

32 pl., 145 pp. — Avant-propos. — Chapitre I, A propos de l'Eglise arménienne. — Chapitre II, En marge de l'Eglise arménienne. — Chapitre III, Arménie et Civilisation. — Table des illustrations. — Tables des matières.

XLVII. **Le Bayon d'Angkor et l'Evolution de l'art khmèr**, par M. PHILIPPE STERN. 40 fr.

22 pl., XII et 217 pp. — Avant-Propos. — Préambules : L'Idée; doutes concernant la date du Bayon. — Voie détournée par laquelle nous sommes arrivé à douter de la date du Bayon. — On doit se demander sur quelle base repose la date attribuée au Bayon. — Idée permettant à la fois de résoudre la contradiction posée par la sculpture et la difficulté soulevée par les deux inscriptions. — Examen de ce qui peut confirmer ou infirmer l'hypothèse d'une date tardive du Bayon. — Une chronologie nouvelle des monuments d'Angkor apparaît. Des monuments autres que ceux d'Angkor se situent dans cette chronologie.— Le développement des motifs d'architecture et de sculpture d'après la nouvelle chronologie proposée. — Etude de l'évolution des motifs d'architecture . — Etude de l'évolution des motifs de sculpture. — Objections à notre thèse. — Conclusion. — Tables des planches.

XLIX. **Sur la littérature chinoise**, par M. BASILE ALEXÉÈV. 30 fr.

= nombreuses planches et fig., sous presse.

Préface. — Conférence I : La littérature chinoise. — Essai d'idéologie. — Conférence II : La littérature chinoise et son traducteur. — Conférence III : La littérature chinoise et son lecteur. — Conférence IV : La poésie chinoise. — Essai d'idéologie. — Conférence V : Une synthèse poétique de la poésie chinoise. — Conférence VI : Une réforme nouvelle du style chinois poétique.

XLVIII. **Le Musée Guimet,** 1918-1927 par J. HACKIN et R. GROUSSET.

= 16 pl., 146 pp.

BULLETIN ARCHÉOLOGIQUE DU MUSÉE GUIMET

(Éditions Van Oest).

Comité de direction : MM. L. FINOT, V. GOULOUBEW, J. HACKIN, SYLVAIN LÉVI, A. MORET, PAUL PELLIOT.

Chaque fascicule, de format petit in-4°, est illustré de 4 planches hors texte en héliotypie. Le prix des fascicules est variable et en rapport avec l'importance du fascicule.

Fascicules parus :

I. — **Salle Edouard Chavannes.** *Missions : Edouard Chavannes*, 1907; *Victor Segalen, Gilbert de Voisins et Jean Lartigue*, 1914; *Victor Segalen*, 1917. Etudes de MM. D'ARDENNE DE TIZAC, JEAN LARTIGUE, SYLVAIN LÉVI, A. MORET, PAUL PELLIOT et PAUL VITRY.

Un volume petit in-4° de 80 pages, illustré de 4 planches, hors texte en héliotypie. 18 fr.

II. — **Asie centrale et Tibet.** *Missions Pelliot et Bacot.* Etudes de MM. J. BACOT, JOSEPH HACKIN et PAUL PELLIOT.

Un volume petit in-4° d'environ 40 pages, illustré de 4 planches hors texte en héliotypie. 10 fr.

ANNALES DU MUSÉE GUIMET

BIBLIOTHÈQUE D'ART. — NOUVELLE SÉRIE. — I

(Éditions Van Oest).

La sculpture chinoise du Ve au XIVe siècle. 900 spécimens en pierre, bronze, laque et bois provenant principalement du Nord de la Chine, reproduits sur 624 planches, accompagnés d'un texte descriptif et d'une introduction sur l'évolution de la sculpture chinoise du ve au xve siècle, par OSVALD SIRÉN, professeur à l'Université de Stockholm.

Cet ouvrage est complet en cinq volumes in-4° raisin (22,5 × 32,5 cm.), comprenant au total 624 planches hors texte en héliotypie, reproduisant plus de 900 spécimens de la sculpture chinoise du ve au xvie siècle, et environ 450 pages de texte. 1.500 fr.

ANNALES DU MUSÉE GUIMET

BIBLIOTHÈQUE D'ART. — NOUVELLE SÉRIE. —II

(Editions Van Oest).

Les Peintures Chinoises dans les Collections américaines, par OSVALD SIRÉN, Professeur à l'Université de Stockholm, Attaché honoraire au Musée Guimet.

200 fr. par fascicule.

* * *

Guide-Catalogue du Musée Guimet. Les collections bouddhiques (Exposé historique et iconographique). *Inde Centrale et Gandhâra, Turkestan, Chine Septentrionale, Tibet*, par J. HACKIN, conservateur du musée Guimet.

Un volume in-8° coquille (14 × 22 cm.) de 180 pages de texte, illustré de 24 planches hors texte. 18 fr.

Collection Philipon, Asie Centrale et Extrême-Orient. Catalogue précédé d'un avant-propos, par J. HACKIN, conservateur du Musée Guimet.

Un volume in-8° carré, de 56 pages de texte, illustré de 8 planches hors texte en héliotypie, reproduisant 14 pièces des plus remarquables de la collection. 12 fr.

MAYENNE, IMPRIMERIE FLOCH. — 15-12-1927.

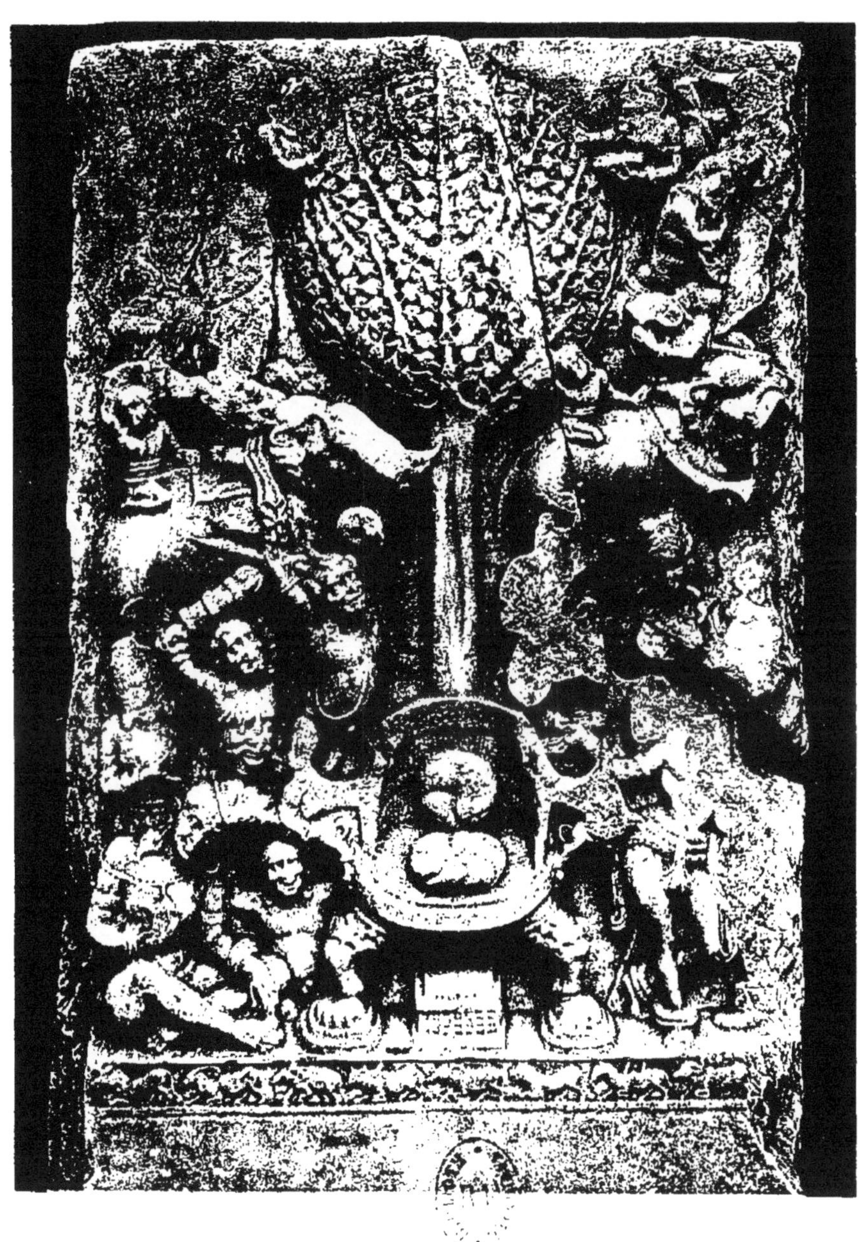

L'assaut de Māra (Ecole d'Amarāvatī)

Don Jouveau-Dubreuil - C. T. Loo

Marbre
Haut. [illegible]

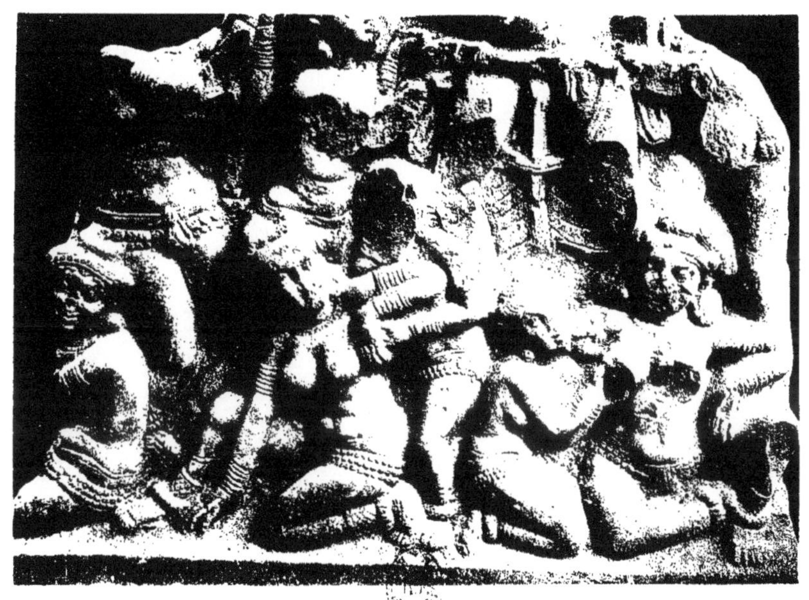

Marbre
Haut. 0m57

La vie mondaine du Bodhisattva - Détail d'une scène de sérail (Ecole d'Amarāvati)

Don Jouveau-Dubreuil - C. T. Loo

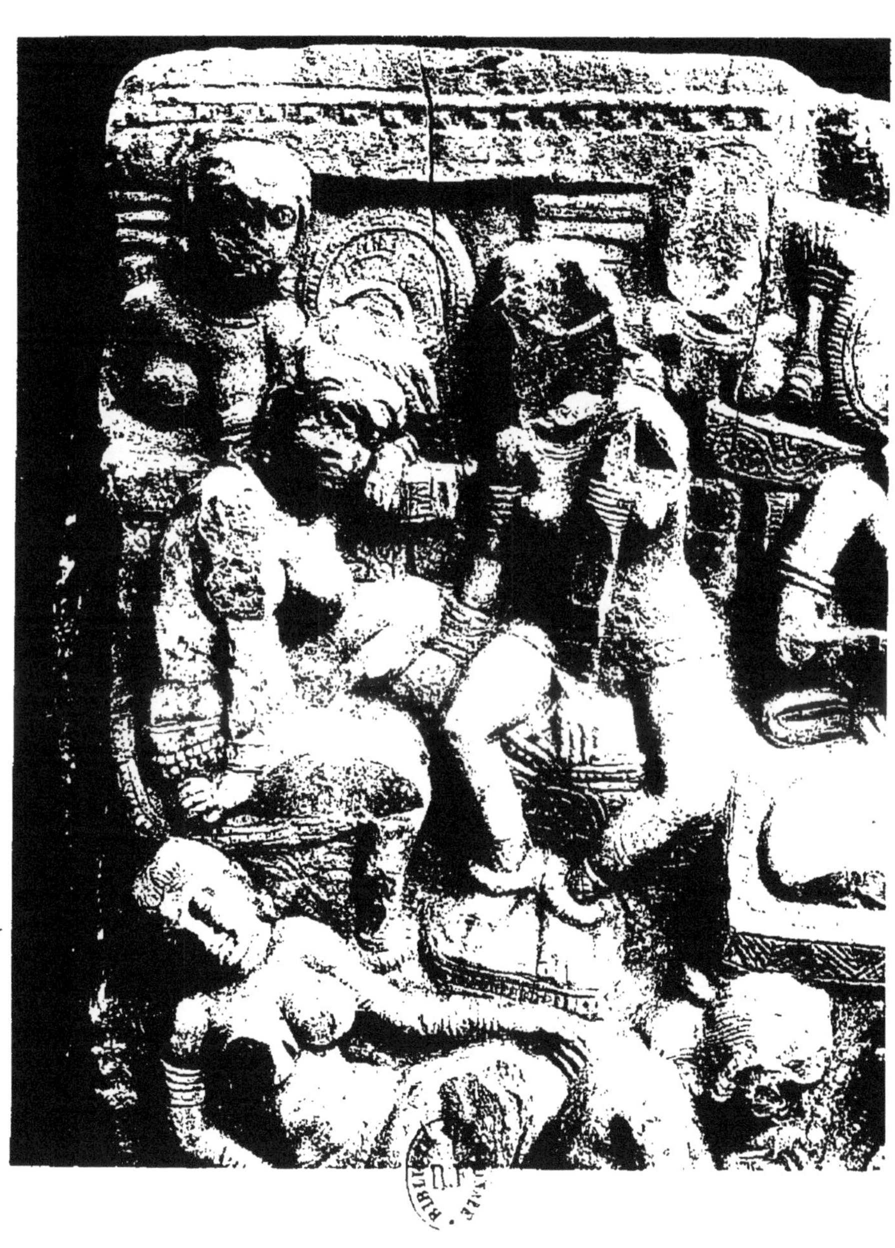

Le sommeil des femmes (École d'Amarāvati)

Don Jouveau-Dubreuil – C. T. Loo

Marbre

Haut. 0m. 5

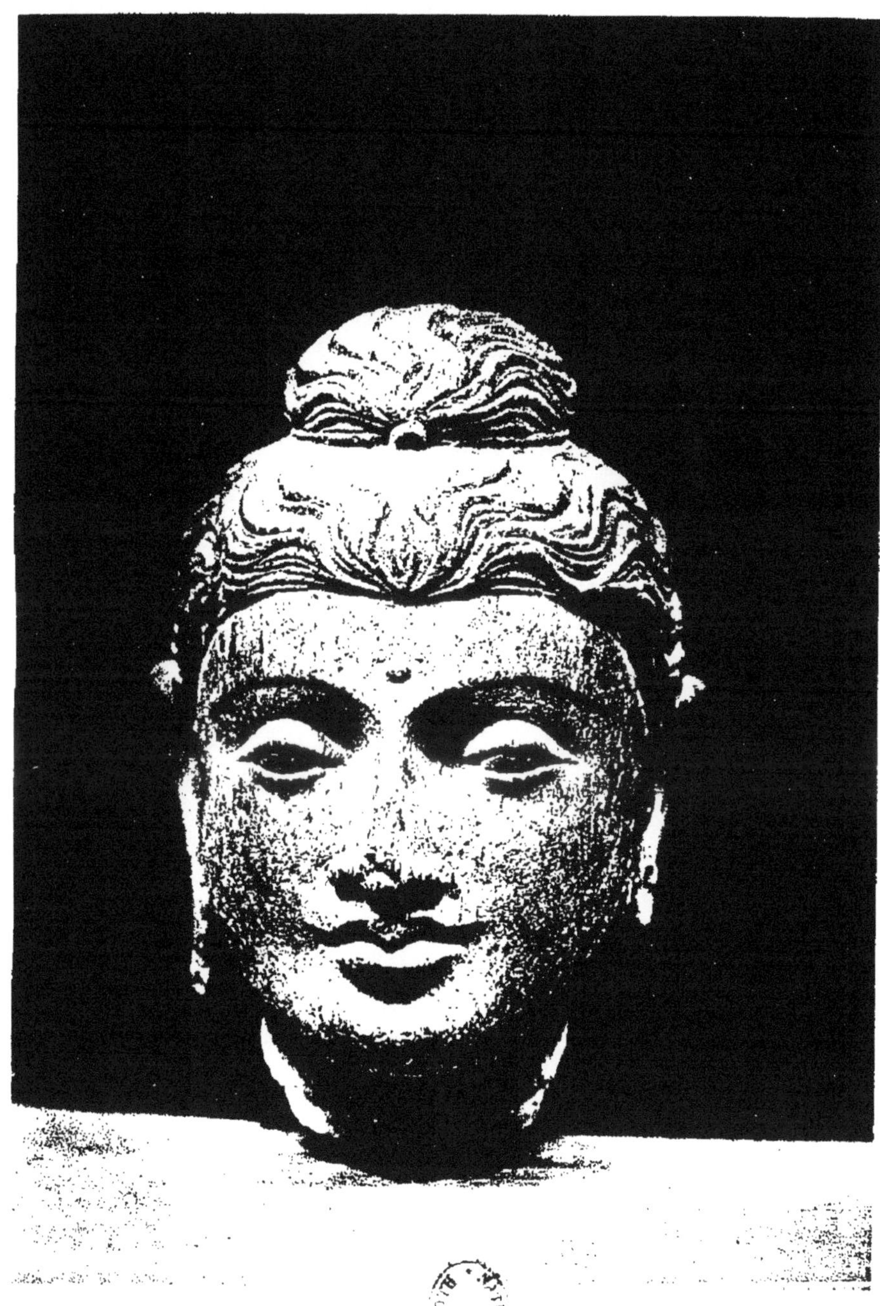

Tête de Bouddha (Gandhāra)

Don Clemenceau

Schiste

Haut. 0m19

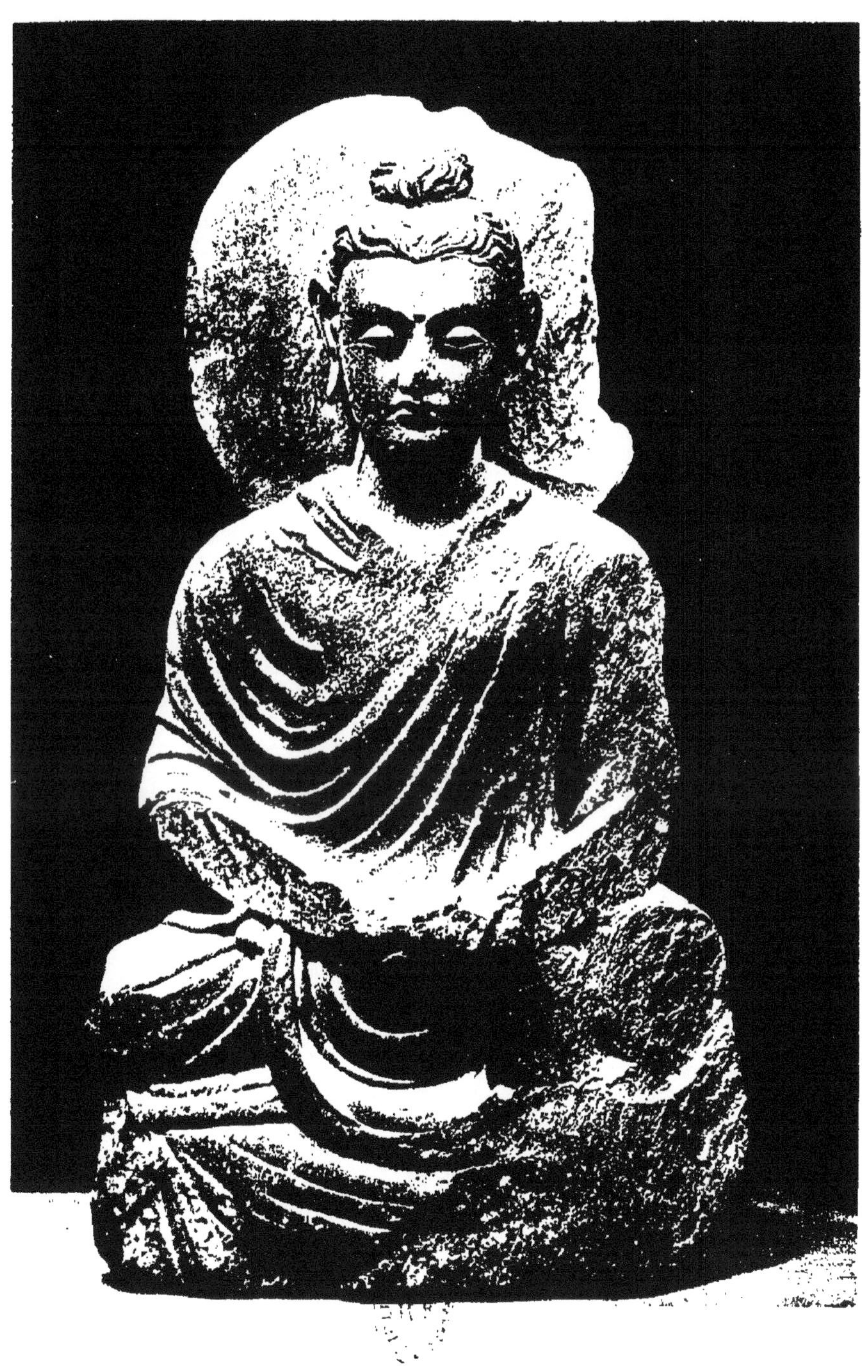

Bouddha méditant (Gandhāra)

Don C[illegible]

Schiste

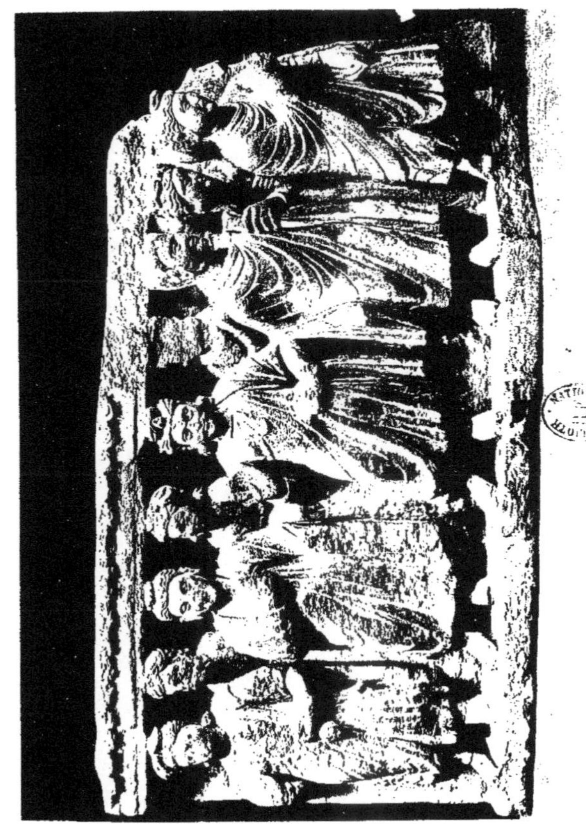

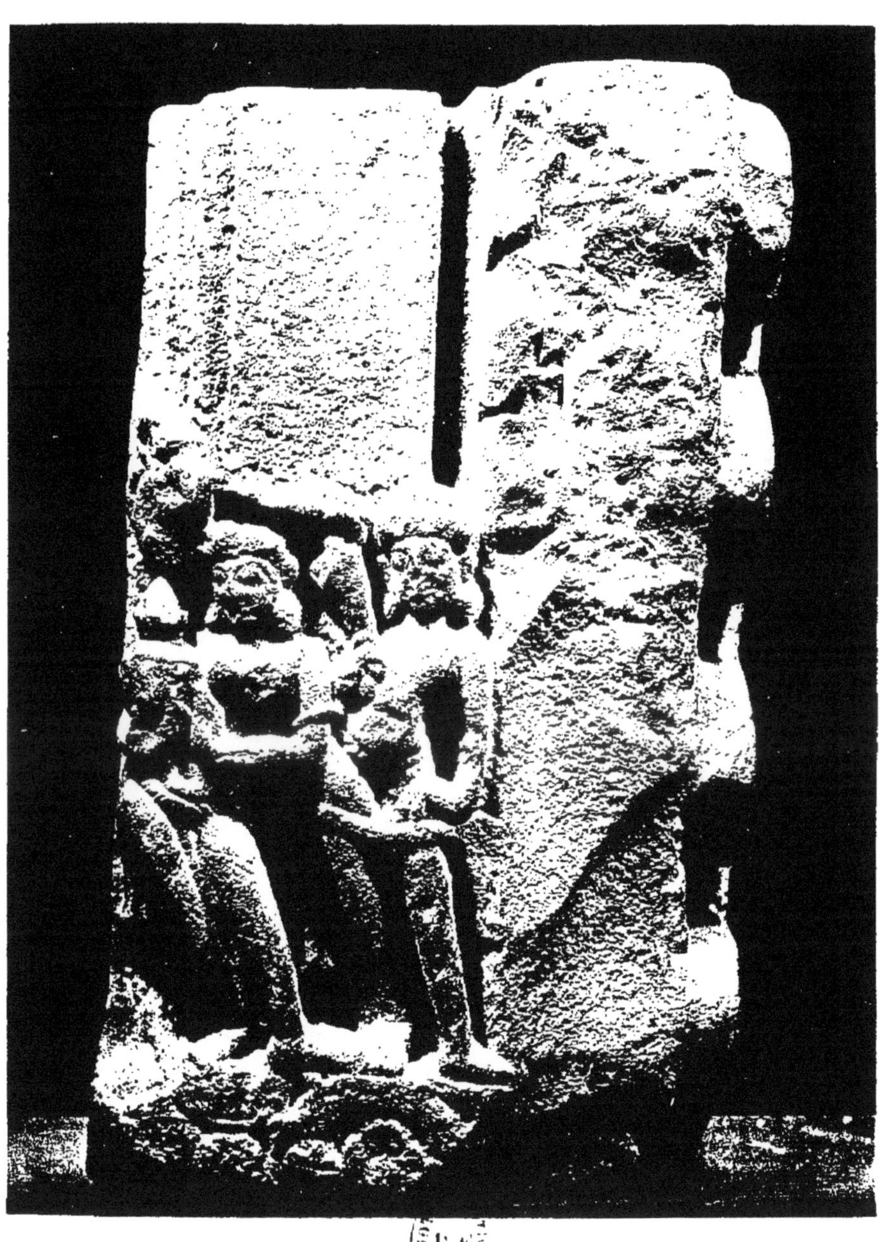

Fragment de balustrade de Stūpa (Inde du Nord)

(Don Ch. Vignier)

Grès

[illegible]

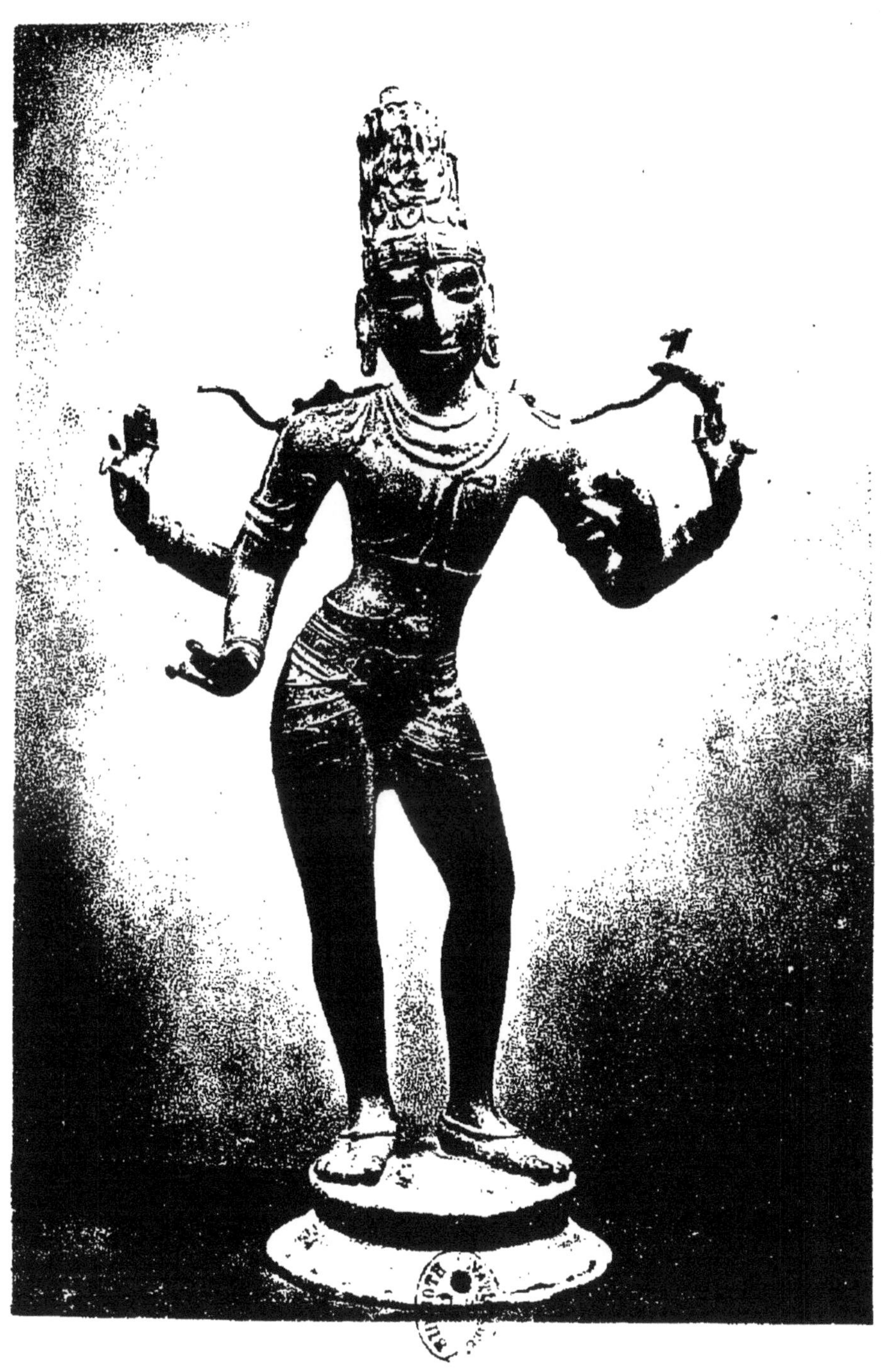

Çiva patron des Lettres et des Arts (Inde du Sud)

(Don C. T. Loo)

Bronze

Haut. 0m69

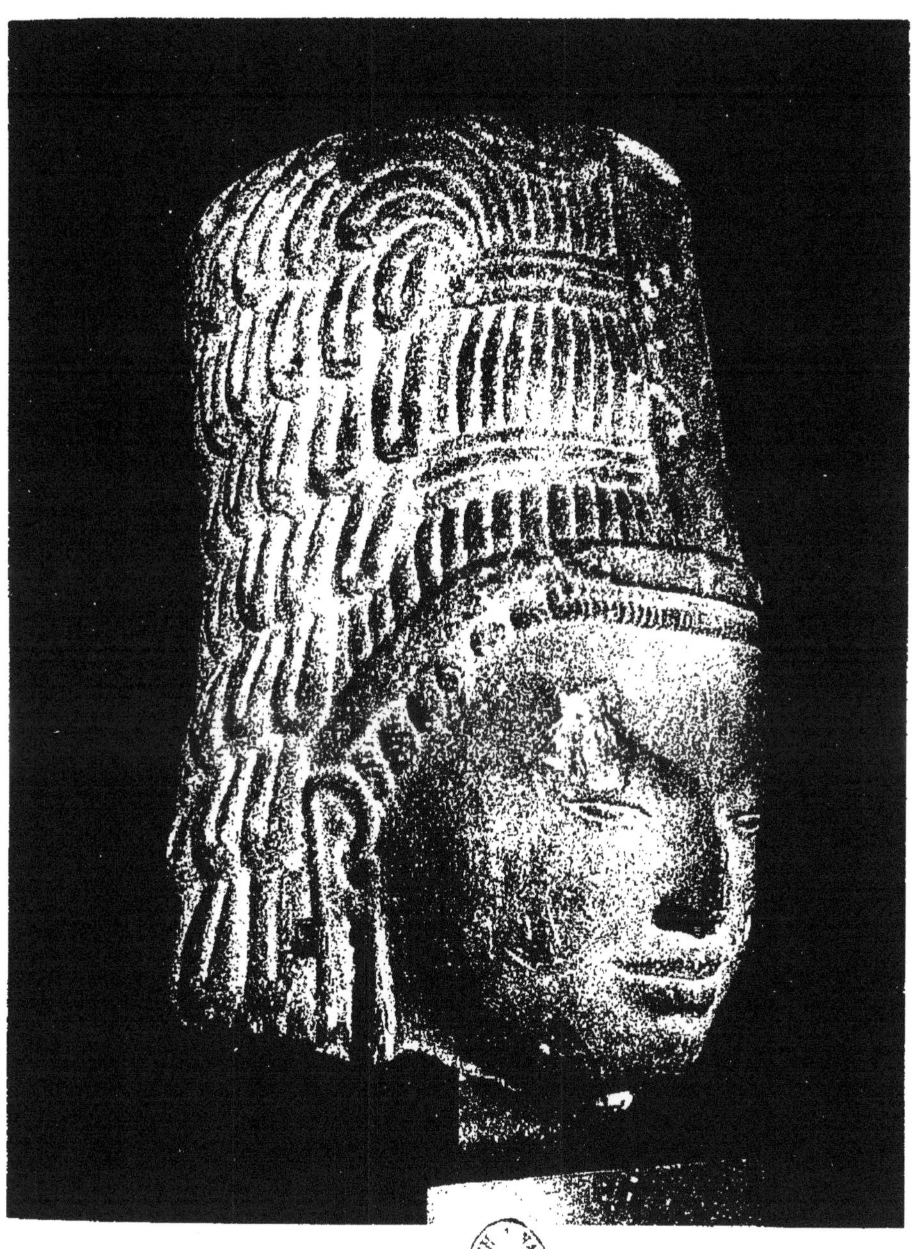

Tête de Harihara
Art préangkoréen, provenance inconnue
(Don de M. Aymonier)

Grès

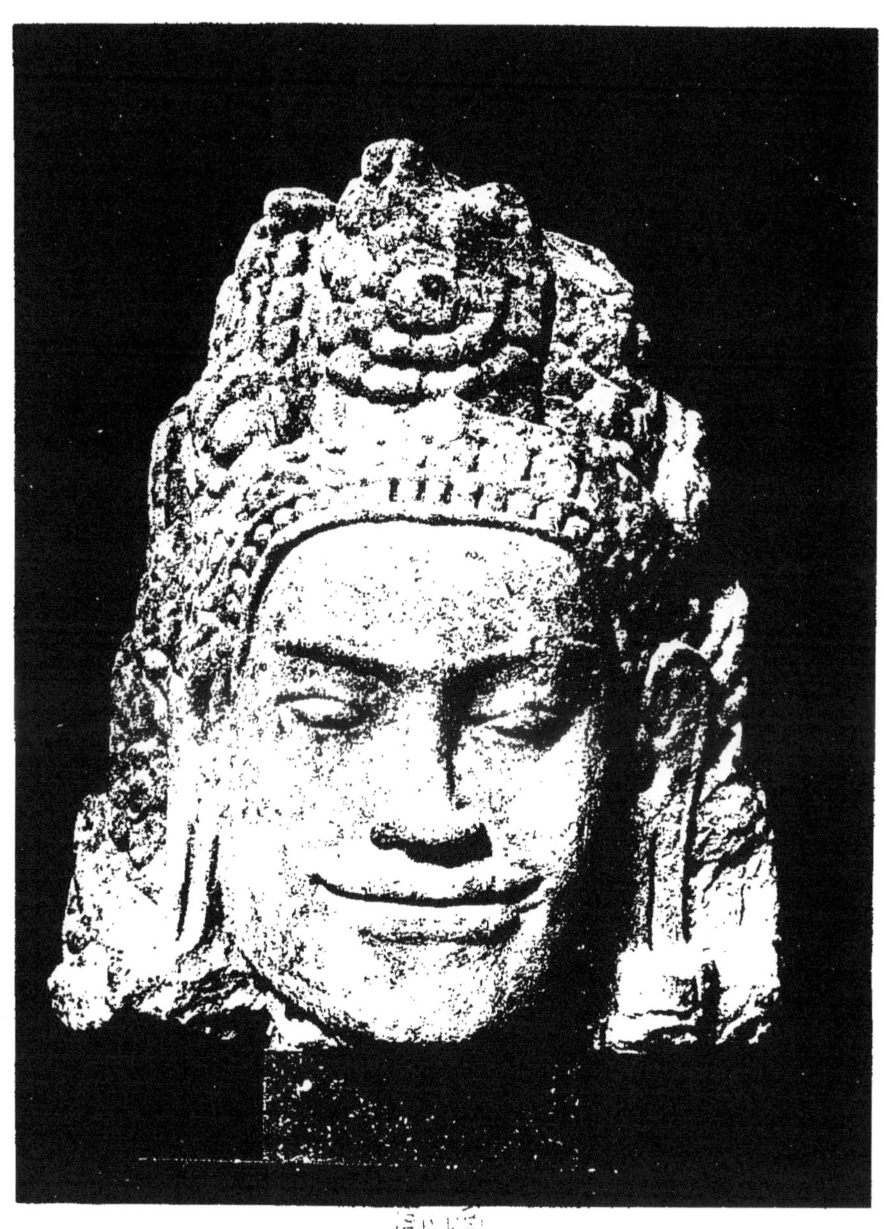

Tête décorative diadémée

Art angkoréen Banteai Kdei

(Don du Gouvernement Général de l'Indochine)

Grès

Haut. 0m43 1/2

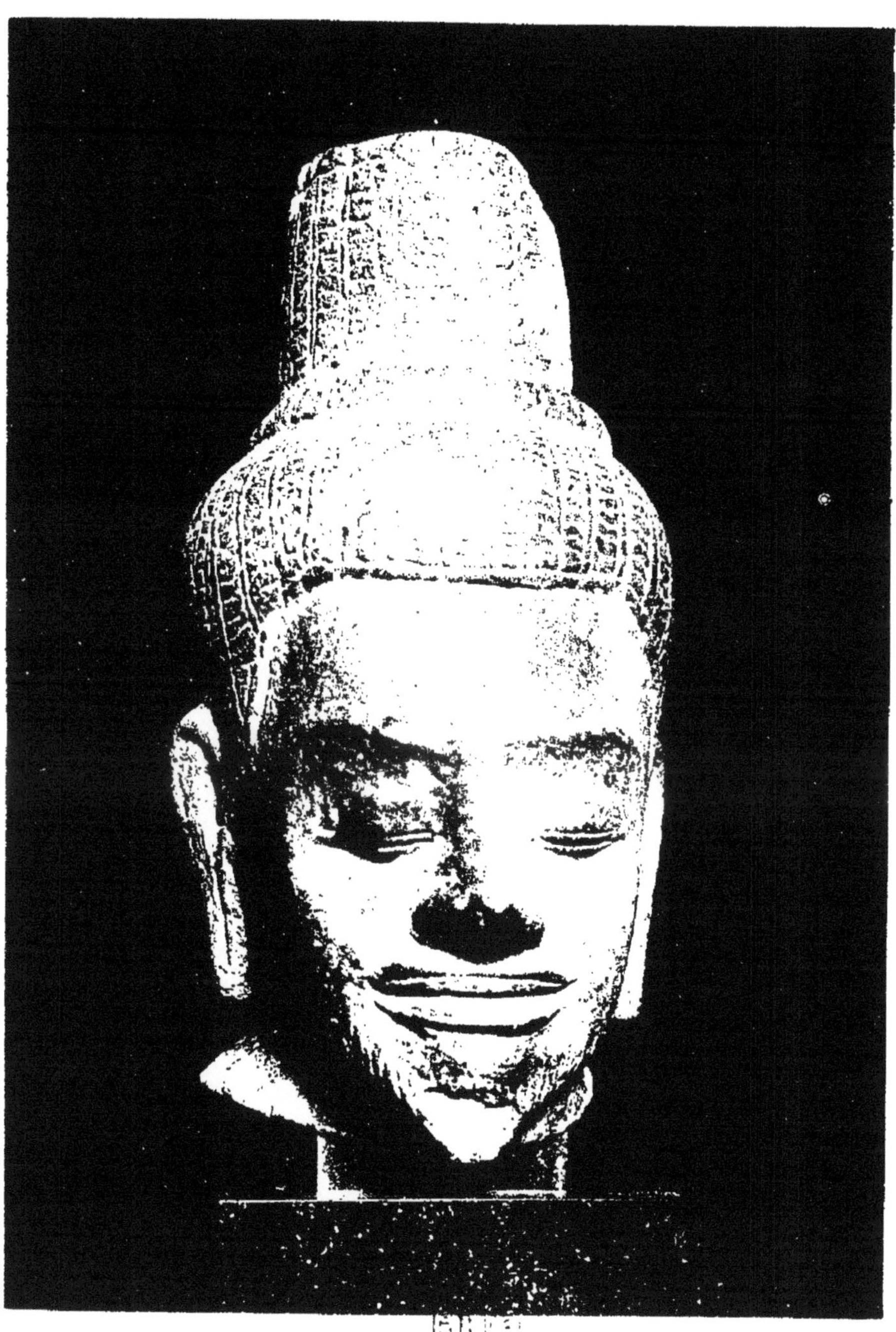

Tête çivaïte

Art angkoréen, provenance inconnue

(Don de M. Aymonier)

Grès

Haut. [illegible]

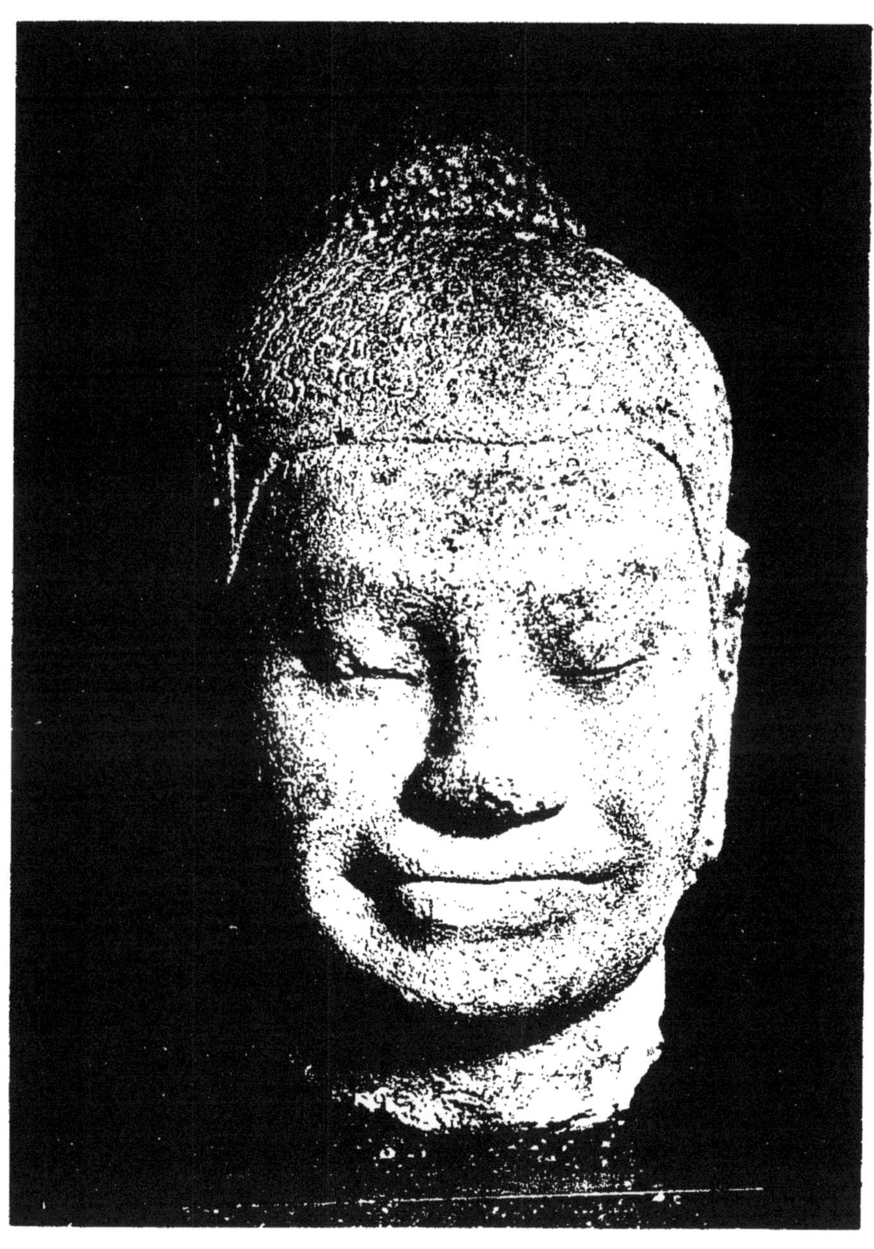

Tête bouddhique, provenant d'Angkor

(Don du Gouvernement Général de l'Indochine)

Grès

Haut. 0^m [illegible]

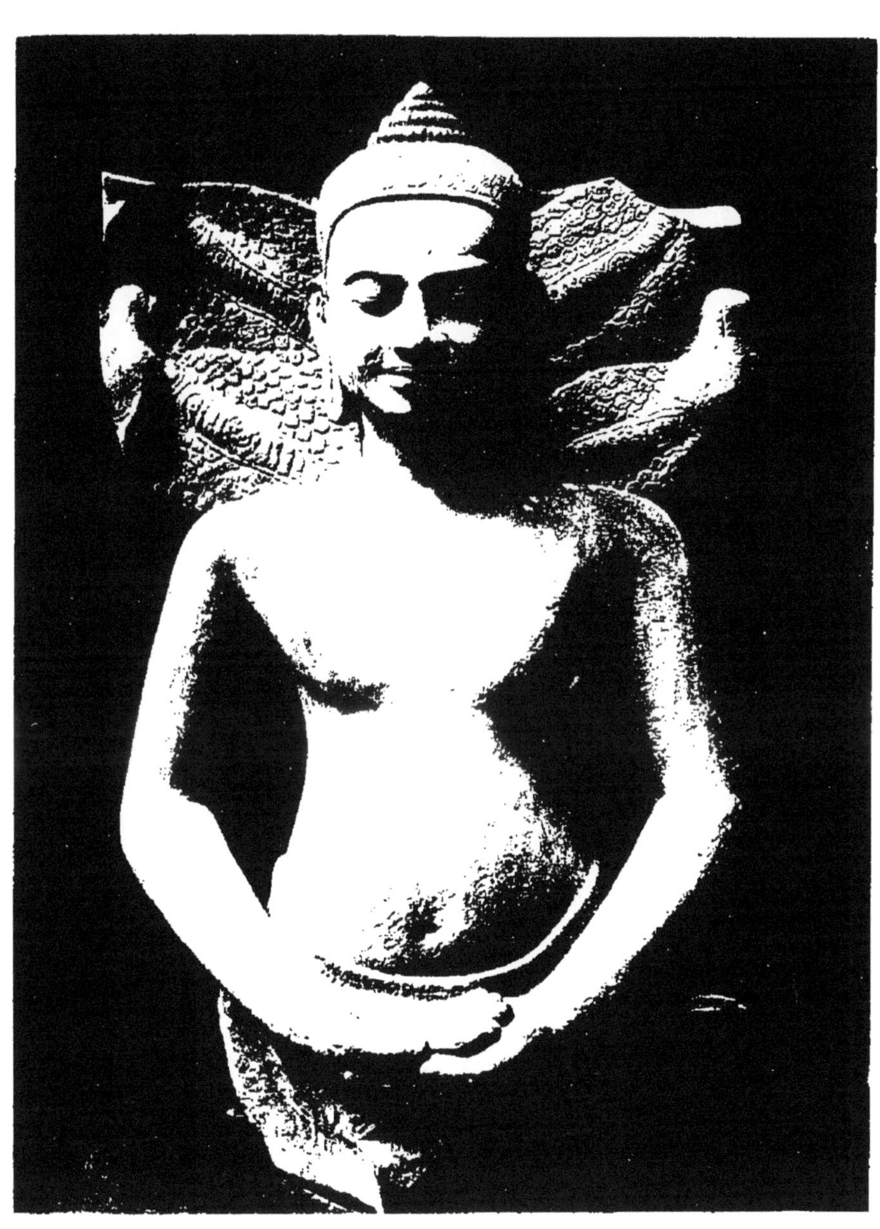

Bouddha assis sur le nâga, trouvé à Prah Khan

(Mission Delaporte)

Grès

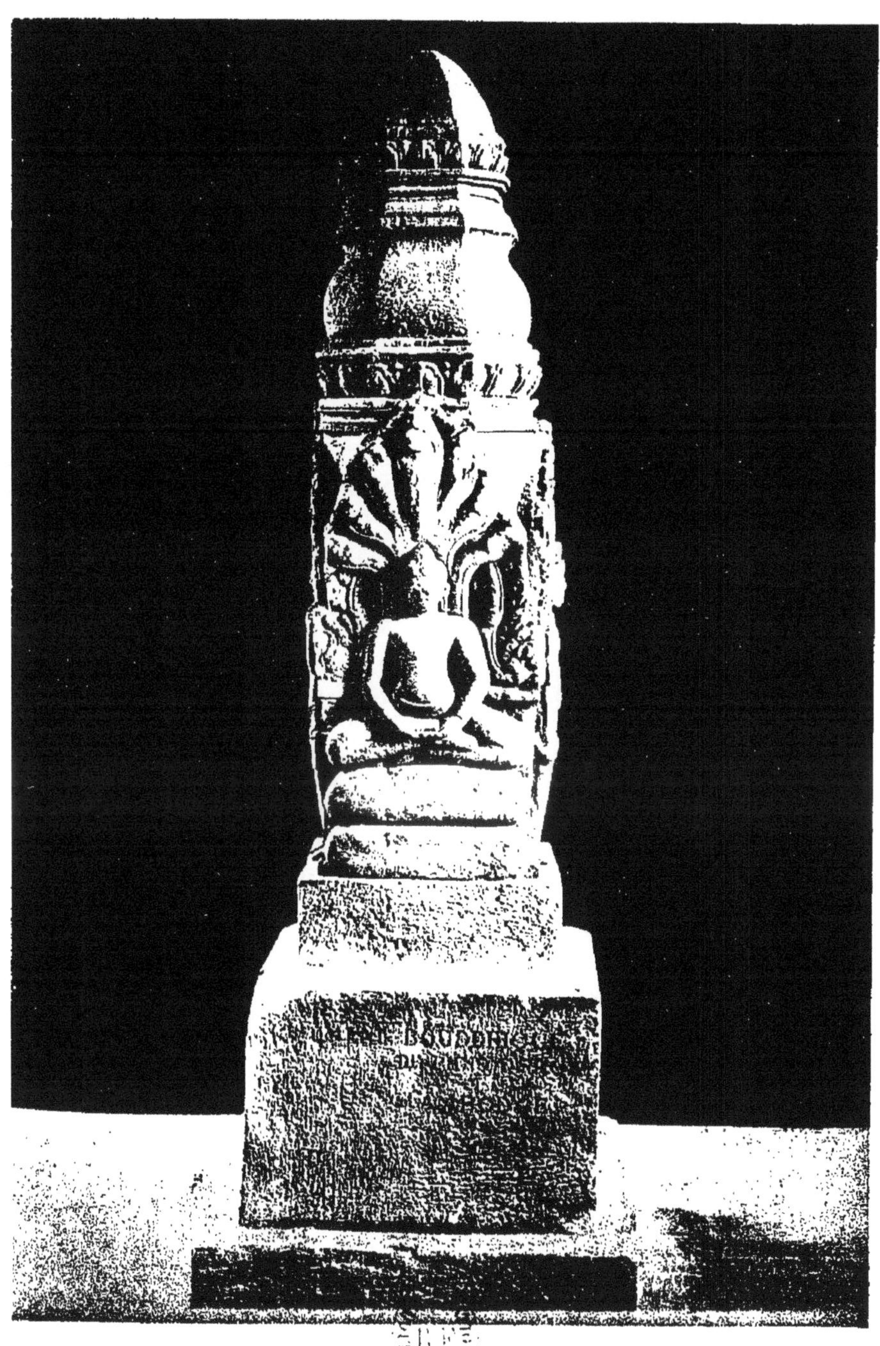

Monument bouddhique, trouvé à Phnom Srok

(Don du Gouvernement général de l'Indochine)

Grès rose

Haut. $1^{m}30$

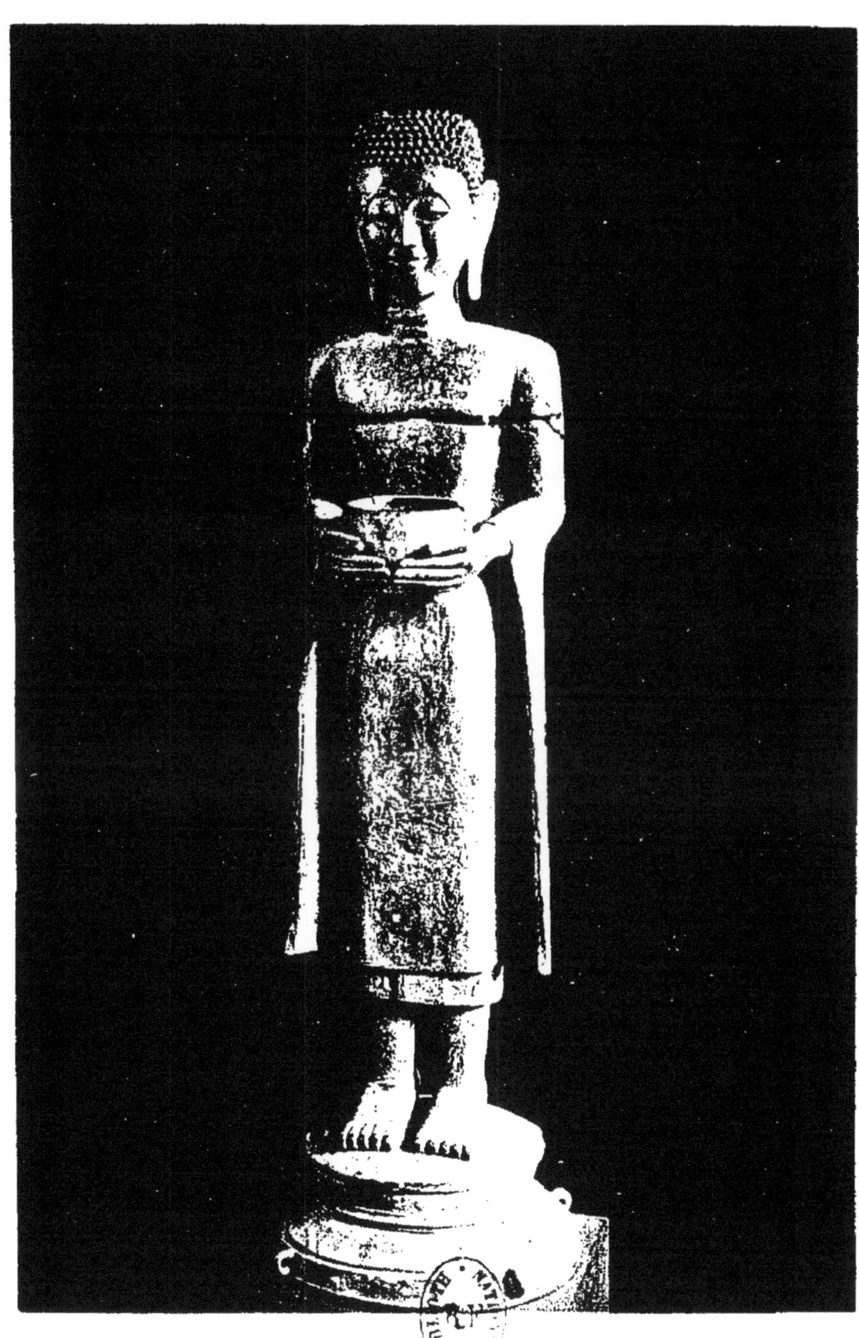

Bouddha portant le vase à aumônes – Laos

(pièce découverte par M. A. Baudenne)

Bronze

Haut. 1m71

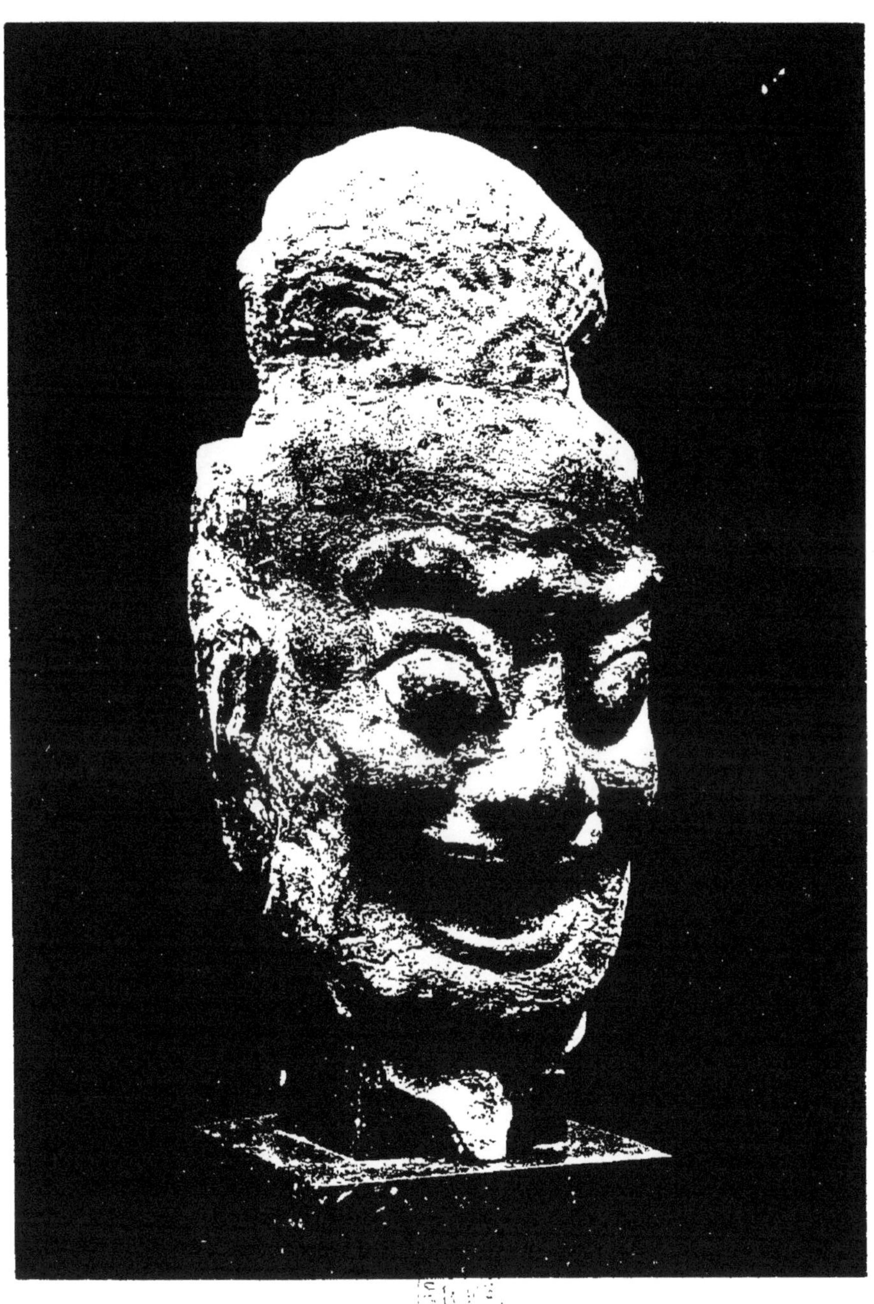

Tête de gardien de porte (Chine du Nord)

(Don L. Wannieck)

Haut. 0m 25

www.ingramcontent.com/pod-product-compliance
Ingram Content Group UK Ltd.
Pitfield, Milton Keynes, MK11 3LW, UK
UKHW020408190726
13838UKWH00006B/299

9 782329 080307